AF456463

PRÉCIS

HISTORIQUE

SUR MINGRAT,

Ex-Curé de Saint-Quentin (Isère),

CONVAINCU D'AVOIR ASSASSINÉ MARIE GÉRIN;

SUIVI

DES PIÈCES JUSTIFICATIVES ET DU JUGEMENT QUI LE CONDAMNE PAR CONTUMACE A LA PEINE DE MORT;

PAR MADAME ***,

Orné d'une Lithographie;

Publié par ÉTIENNE DORY CHARNALET,

Époux de la Victime.

PRIX : 3 francs.

Conserver la couverture

A PARIS,

Chez GÉRIN, Frère de la victime, rue Bourg-l'Abbé, n° 1.

SEPTEMBRE

1824.

Ln27 1696

PRÉCIS HISTORIQUE SUR MINGRAT,

Ex-Curé de Saint-Quentin (Isère).

Je déclare contrefait tout Exemplaire qui ne sera pas revêtu de ma signature.

IMPRIMERIE DE DONDEY-DUPRÉ,
rue St.-Louis, n° 46, au Marais.

à Dieu....

PRÉCIS
HISTORIQUE
SUR MINGRAT,

Ex-Curé de Saint-Quentin (Isère),

CONVAINCU D'AVOIR ASSASSINÉ MARIE GÉRIN;

SUIVI

DES PIÈCES JUSTIFICATIVES ET DU JUGEMENT QUI LE CONDAMNE PAR CONTUMACE A LA PEINE DE MORT;

PAR MADAME ***,

Orné d'une Lithographie;

Publié par ÉTIENNE DORY CHARNALET,
Époux de la Victime.

PRIX : 3 francs.

A PARIS,

CHEZ
GÉRIN, Frère de la victime, rue Bourg-l'Abbé, n° 1;
LECOINTE ET DUREY, quai des Augustins, n° 49;
MONGIE, boulevard des Italiens.

ET CHEZ TOUS LES LIBRAIRES DU PALAIS-ROYAL.

A Genève, chez PASCHOUD.

SEPTEMBRE
1824.

AVIS ESSENTIEL.

Conduite en 1822 (par des circonstances étrangères à mon récit) sur les lieux où Mingrat a commis son crime, je fus profondément affligée d'un malheur qui semblait m'être particulier, par le rapport qu'il avait avec ceux dont je fus plus d'une fois frappée; je vis les larmes d'un époux outragé; j'entendis les cris de douleur d'un frère séparé pour jamais d'une sœur chérie; je remarquai le deuil général répandu sur les bons habitans d'un bourg que la bonne Marie édifiait par sa vraie piété (j'entends par vraie, celle qui n'inspire que de douces vertus), qu'elle charmait par la bonté de son cœur et par son esprit naturel, que développait une éducation peut-être au-dessus de son état; mais où elle ne puisa jamais que l'amour de ses devoirs et le courage de les remplir.

Oubliant alors mes propres chagrins, je partageai leur juste sentiment de douleur pour l'intéressante victime, j'éprouvai la même horreur pour son assassin, et je sentis le besoin d'élever ma faible voix dans cette cause si tristement célèbre. Eh! quelle cause plus belle à défendre que celle d'un époux, d'un frère, de l'humanité tout entière! Un cri de vengeance a retenti d'un bout de l'Europe à l'autre; ce n'est pas seulement le sang d'un seul individu dont on demande compte au meurtrier, c'est au nom de l'égalité établie par la sagesse divine, qui n'a voulu, en formant les hommes, que créer une seule famille; c'est en invoquant ce nom sacré, dis-je, que nous appelons la malédiction sur le monstre qui nous a privés d'une sœur.

Qui donc oserait blâmer ma noble entreprise? quel ami de la liberté, quel cœur généreux ne serait capable de la tenter?

S'il ne s'agissait ici que d'un criminel ordinaire; si même Mingrat eût porté sa tête sur l'échafaud, jamais ma plume n'aurait tracé ce nom abhorré, jamais ma bouche ne l'aurait prononcé; mais Mingrat respire en paix, on l'a soustrait au bourreau qui le réclame; et la famille de l'infortunée Marie Gérin n'est point écoutée, on est sourd à ses prières, on leur refuse le sang du coupable qui a porté la mort et le désespoir dans leur sein. Ah! quel que soit le motif du gouvernement sarde, il est en opposition avec la morale; Mingrat est condamné, Mingrat doit être rendu; accueillir un assassin, c'est les protéger tous; lui donner un refuge, c'est assurer l'impunité du crime. Allez donc, monstres, effroi de la terre, peupler les provinces du Piémont, vous y trouverez un asile inviolable; mais vous, malheureux, qu'un délit politique condamne; vous, jeunes soldats, arrachés au sein de votre famille pour peupler les camps, et qui fuyez par crainte ou par dégoût la bannière de l'honneur, n'espérez pas y jouir de la même faveur; ceux qui accueillent le meurtrier repoussent le déserteur.

Interprète d'une famille désolée, étrangère à tout esprit de parti, excepté celui de l'honneur, j'ai fait vœu de parler sans *haine* et sans *crainte*, de dire la *vérité*, toute la *vérité*, rien que la *vérité;*

Rendre un hommage éclatant aux magistrats éclairés, justes et courageux qui n'ont, en prononçant l'arrêt de Mingrat, écouté que la voix de leur conscience; offrir à la vénération des hommes ces dignes ministres d'un culte révéré qui n'ont pas craint de repousser de leur sein l'infâme qui chaque jour souillait de ses mains impures l'hostie sans tache, et dénoncer à l'indignation publique celui qui, profanant la chaire sacrée, mêla à ses instructions pastorales des paroles justificatives en faveur d'un homme de leur caste, coupable d'assassinats, qui sema l'erreur parmi son troupeau fidèle, et calomnia le frère et l'époux de la victime de Mingrat;

Tel est le but de mon ouvrage : j'ose espérer que le public ne lui refusera pas la faveur qu'il accorda à une brochure publiée en juin 1824, par le frère de la malheureuse Marie. Cette relation, beaucoup trop abrégée, contenait en outre quelques erreurs; j'ai pris soin de les relever, et j'offre au public (avec l'autorisation de M. Etienne Charnalet, époux de la victime, qui lui-même a réuni les matériaux) un précis (différent de la notice précédente). Des recherches faites par ce veuf inconsolable, me mettent à même de tracer la vie de l'infâme Mingrat, depuis sa naissance jusqu'à sa condamnation.

Les replis de ce cœur où tous les genres

de crimes semblent s'être réfugiés, n'auront plus rien de secret, le flambeau de la vérité à la main, je suivrai le coupable. Le manteau sacré dont il était révêtu, tombera. C'est l'homme seul que je veux peindre. Je répandrai une vive lumière sur ses moindres actions; faible, mais courageuse, je déchirerai le voile dont on a voulu couvrir son horrible attentat; heureuse si, pour prix de mes travaux, j'ai consolé l'ombre plaintive de Marie, en flétrissant à jamais son cruel meurtrier!

Je joins ici la lettre que j'ai eu l'honneur de recevoir de M. Étienne Charnalet, étant persuadée qu'elle intéressera mes lecteurs, et justifiera pleinement mes pures intentions.

LETTRE

D'ÉTIENNE CHARNALET A MADAME ***.

C'est livré à la plus profonde douleur, entouré d'images funestes, de souvenirs déchirans, que je vous adresse ces lignes, tribut de ma reconnaissance pour vos soins généreux. Je voudrais, Madame, en vous rendant ce témoignage public, vous assurer contre les attaques de la calomnie dont tous ceux qui, dans cette horrible affaire, se sont déclarés pour le parti de la vérité ont été victimes ; mais quand elle n'a pas épargné l'époux infortuné, quand le meilleur des frères a été en butte aux soupçons les plus odieux, oserai-je vous promettre qu'on ne cherchera pas à noircir le but de votre courageuse entreprise ? Qu'importe à ceux qui n'ont pour guide que l'amour de la justice, et qui peuvent opposer une vie sans reproche aux traits de la méchanceté? Ceux qui sèment le mensonge ne recueillent que la honte.

Forts de notre conscience, n'écoutant que la voix d'une vengeance légitime, unissons-nous, Madame, pour élever à Marie un monument qui dépose éternellement contre son meurtrier.

Vengeons la plus belle, la plus vertueuse, la meilleure des femmes... Ah ! qui pourrait vous la peindre mieux que les paroles du vénérable pasteur, M. Ravix de Monteau (Isère)? « Cette femme, disait-il, ensemble » de sagesse et d'amabilité, avait de l'éduca- » tion, même de l'esprit, une prudence à » toute épreuve, et une piété très-éclairée »...

Et voilà celle que j'ai perdue !... Si tout espoir d'apaiser son sang par celui de son meurtrier ne m'était pas presque enlevé, si ce n'était le désir de rectifier quelques erreurs glissées dans l'ouvrage qu'a publié mon frère (dont pourtant j'aime à reconnaître la louable intention) ; sans ce désir, Madame, je n'eusse point imploré le secours de votre plume, j'aurais pleuré en secret celle que j'adorais; et, si l'affreux tableau de son martyre n'eût jamais pu s'effacer de ma mémoire, du moins je n'aurais pas à gémir sur l'injustice d'un ministère qui a repoussé ma plainte, et sur la froide indifférence d'une chambre, qui cette fois semble s'être écartée de son noble but.

Marie n'est plus, elle a péri sous le poignard d'un vil meurtrier; il est connu, condamné, mais il respire! mais son asile est inviolable! et je ne cesse de m'écrier contre son impunité, je ne cesse de fatiguer de mes justes réclamations tous ceux qui le protégent. Oui, que Mingrat soit rendu, que Mingrat expie son forfait sur l'échafaud qui le réclame, ou que ma vengeance s'assouvisse à demi par la publicité d'un crime révoltant et presque inconcevable!

Voilà l'objet de mes derniers vœux. Si l'on blâme mon acharnement contre le monstre, je répondrai par le récit de mes malheurs; qu'il se rencontre un seul époux parmi ceux qui me condamnent, qu'il m'entende, et je suis certain d'être justifié.

Ce moyen de publicité n'est employé ici qu'après avoir épuisé tous ceux que les lois et le trône promettent à tous les hommes, j'en dois le rapport à mes lecteurs et à vous, Madame, pour ma justification.

Mon beau-frère Gérin et moi avons cru de notre devoir de nous adresser d'abord à la puissance royale; en cette circonstance M. le maire de Saint-Quentin nous aida de ses lumières et de son pouvoir; notre placet à Sa Majesté fut rédigé par lui et présenté sous ses auspices.

Ce placet exposait aux yeux de notre souverain l'assassinat de ma malheureuse épouse, nos amères douleurs, nos espérances et les moyens de calmer nos justes et cuisans regrets.

Nous indiquions l'asile qui recèle le coupable, nous nous efforcions de soumettre humblement combien était nécessaire la demande de l'extradition de Mingrat.

« Quelle inégalité choquante, disions-nous, va naître de cette indulgence pour le criminel qu'on recèle ! Quel est le scélérat qui ne commettra un crime avec sûreté de cause, puisqu'il peut être assuré d'un asile inviolable ? On avait cru jusqu'à ce jour que la Sardaigne regardait comme ennemi de son repos tout fugitif condamné en France ; le rejet de quelques malheureux déserteurs, le procès même trop connu de *Didier* nous en avait presque convaincus. Mais nous sommes désabusés, l'homme le plus coupable, le meurtrier le plus sanguinaire, l'hypocrite le plus infâme, a trouvé grâce devant eux.

» Que cette nation civilisée se hâte d'effacer la tache hideuse que cette impunité attache à son honneur, qu'elle se hâte de rejeter de son sein l'antropophage qu'elle protége, et obéisse à la voix de la justice et de notre souverain. »

Ce placet, dont ma lettre ne peut citer tout le contenu, avait eu le bonheur de ne point déplaire ; S. M. daigna nous répondre par l'organe de M. de la Châtre, l'un des gentilshommes de sa chambre : sa réponse fut telle que nous la désirions, puisqu'elle reconnaissait la justice de notre demande, et nous assurait de sa protection, ajoutant qu'elle nous la promettait dans les formes constitutionnelles, et nous invitait à nous adresser au garde des sceaux, exécuteur suprême des lois, et ministre des volontés royales.

Sous l'égide de ces promesses authentiques et précieuses, nous pouvons adresser nos justes reproches à ceux qui n'ont point exécuté des ordres aussi sacrés; nous pouvons les tancer sur l'indolence qu'ils ont mise dans leur accomplissement; et nous ne devons point craindre de leur dire qu'ils encourent le blâme public, et portent sur leur tête un synonyme de complicité envers celui que leur négligence protége; quel que soit le coupable qui arrête le cours de la justice, l'opinion publique l'accuse, et sa conscience en est le premier juge.

En perdant d'aussi belles espérances, je m'unis encore à mon beau-frère, pour invoquer le droit de pétition. J'osais espérer que j'obtiendrais du corps législatif ce que m'avait refusé le ministère ou peut-être ses agens.

Un honorable membre de cette chambre respectable, celui dont le nom seul nous rappelle à la fois l'éloquence, l'humanité et le patriotisme, M. Casimir-Perrier a bien voulu se charger de notre pétition, et la déposer dans le sanctuaire de la loi.

Cette pétition contenait, ainsi que le placet, nos douleurs et nos réclamations ; tous les détails de cette malheureuse affaire étaient dans la plus grande exactitude ; nous ajoutions même que nous venions d'acquérir la certitude que le gouvernement sarde était disposé à rendre Mingrat à ses juges naturels ; de nouvelles fautes commises par ce monstre étaient cause de cette généreuse résolution ; mais en vain, ainsi qu'à nous, tout fut sourd à leur voix suppliante, et des murs plus épais servirent de rempart à une tête si souvent criminelle. L'examen de notre pétition fut étouffé dans l'enceinte des bureaux, les rapports en furent diffus et peu sentis, la nullité et l'oubli en devinrent les seuls fruits.

Un mot, un seul mot eût pu suffire pour apaiser notre ressentiment, mais non, tout, tout jusqu'à ma patrie (pour qui j'ai sacrifié mon sang), tout s'éleva contre moi, et mit des bornes à la justice ; des Français ont osé passer avec légèreté et sans émotion sur le malheur de leur compatriote ; ne trouvant rien à opposer à ce récit affreux, ils l'ont plongé dans un coupable oubli en prononçant l'ordre du jour, y ajoutant la dérision cruelle, qui faisait triompher le crime, en opprimant la vertu !.... Ce fait aggrave mes souffrances,.... je suis soldat, mais rejeté de ma patrie; je l'ai délivrée de ses ennemis, servie avec honneur; mais elle méconnaît ma plainte, l'ingrate me repousse, et ne repousse que moi.... Où porter ma douleur? je n'ai pas même la tombe d'une épouse pour pouvoir déposer mes larmes....

Serez-vous étonnée, Madame, d'après le mépris de ceux qui me devaient justice et protection, si vous apprenez que mes ennemis n'ont point balancé à joindre l'arme affreuse de la calomnie au poignard assassin, pour me porter de nouveaux coups? non sans doute, et les sermons précédens, dont je rapporte quelques phrases, vont vous assurer de cette vérité : je crois pouvoir répéter ici ce que mon frère a déjà publié dans ses notices sur le même crime.

Sermon sur les Jugemens téméraires prononcés par M. Bochar, Grand-Vicaire de Grenoble.

« Mes frères, prenez garde, tel peut nous

» paraître coupable, qui par son devoir est » tenu, lui en dût-il coûter et l'honneur et » la vie, de céler le crime d'autrui, et la » malice d'autre part est si grande en ce » siècle-ci, que, pour se laver, on ne craint » point de calomnier et de noircir les plus » gens de bien. »

On ne balança point à avouer que mon beau-frère et moi, étions désignés par ceux « qui, pour se laver, ne craignent point de » noircir les plus gens de bien », et que Mingrat était désigné par « les plus gens de » bien ». Le zélé prédicateur n'a fait preuve dans cette assertion (un peu diffuse, mais non incompréhensible) que d'un grand fonds de crédulité, en justifiant son collègue, ou d'un raffinement d'hypocrisie, en chargeant l'innocent pour justifier le coupable, et quel coupable!

Gérin fut accusé de fratricide, dans quel lieu? aux environs de Saint-Quentin, devant les habitans témoins de son désespoir et de ses larmes. La chaire de vérité a été souillée par le mensonge; un instant le troupeau docile, égaré par la voix du pasteur, s'est laissé entraîner à de fausses impulsions; un instant nous fûmes soupçonnés, mais le triomphe de la calomnie n'a duré que cet instant. Ah! quand même une conduite intacte ne m'eût pas assez défendu contre des imputations dénuées de vraisemblance, n'eût-il pas suffi de me voir après l'affreux malheur, qui m'a séparé pour jamais de celle que j'adorais? je n'éprouvais plus aucun sentiment que celui de ma perte, ma tête s'égarait; j'appelais Marie, je croyais la voir, lui parler; mais, tombant bientôt dans un morne accablement, des sanglots et des larmes succédaient à mon délire, que le souvenir de Mingrat ranimait aussitôt. Alors furieux, j'abandonnais ma demeure, je courais au presbytère, où il me semblait entendre les cris de ma malheureuse épouse; je voulais pénétrer dans le séjour de mort, l'arracher des mains de son assassin, et mourir sur son corps déchiré.

Voilà, Madame, quel fut mon état pendant huit mois; une sombre tristesse la remplace; elle m'accompagnera jusqu'au tombeau, qui doit me réunir à la plus parfaite des créatures.

Dans mon état de démence, l'estime publique m'a vengé, ainsi que mon beau-frère, de ces indignes calomnies. Les monstres, ne sachant plus sur qui faire retomber leur fiel empoisonné, ont osé troubler les cendres de l'infortunée victime! Qui pourrait concevoir une conduite aussi atroce? Oserait-on penser que ces infâmes aient pu remuer, après tant et tant de blessures, ce corps trop mutilé, qui, reposant à peine, se sentit encore troublé par les vautours cruels acharnés jusqu'après son ombre? Ils ont voulu ternir une réputation sans tache, insinuant que la vertueuse Marie avait conduit les coups dont elle a péri. Grâces aux personnes respectables qui veulent bien que j'insère ici leur sentiment à son égard, ses traits mal préparés s'émousseront dans les mains qui les lancent, et Marie, aussi pure que le plus beau jour, restera brillante de vertus dans le souvenir des hommes, comme dans le sein de l'Être suprême, où je me plais à croire qu'elle a trouvé le repos.

Je vous adresse, Madame, les pièces que

vous m'avez demandées pour le complément de votre *Précis historique ;* joignez la présente lettre à votre ouvrage, comme une preuve de la vérité des faits que nous allons publier ; que l'on connaisse enfin le monstre qui ne m'a laissé sur la terre que le souvenir d'un bonheur trop rapidement écoulé, et d'autre désir que celui de la vengeance ! Puisse ce précis tomber entre les mains de ceux qui défendent mon ennemi ; qu'ils le lisent, et qu'ils tremblent, en voyant l'opinion publique éclairée sur cette affaire, prononçant l'anathême sur l'infâme que la terre porte à regret, et ils seront assez punis ; alors je retrouverai des frères ; la patrie m'aura rouvert ses bras, le baume consolateur coulera sur mes vieilles blessures, et l'ombre de Marie cessera de gémir.

Hâtez-vous donc, Madame, de me porter cet adoucissement ; peut-être en ce moment a-t-on déjà senti la nécessité de livrer à ses juges celui que nous poursuivrons ; puisse une telle pensée naître naturellement des deux puissances, unies par les liens du sang !

elle ne pourra que les honorer ; car elles ont dû voir « qu'il n'est ni politique ni moral » de soustraire le crime ».

Recevez, Madame, etc.

ÉTIENNE DORY CHARNALET.

PRÉCIS

HISTORIQUE

SUR MINGRAT,

Ex-Curé de Saint-Quentin (Isère).

Si un état honorable, un caractère sacré, ne peuvent ni détruire ni affaiblir l'horreur qu'inspirent les actions coupables de celui qui en est revêtu ; de même l'être pervers, le suborneur, l'assassin, n'imprimera jamais la moindre tache à l'état d'où il sort : on ne juge que l'homme, on ne flétrit que l'individu ; et qu'un criminel ait porté l'encensoir ou l'épée, on n'en révèrera pas moins le pieux ministre des autels, et le soldat fidèle à sa patrie.

Sans doute, cette réflexion si naturelle ne s'est point présentée à ceux qui ont osé prendre la défense de Mingrat ; ils ont cru voir la majesté de la religion offensée, s'ils ne se hâtaient de repousser l'accusation qui pesait sur un de ses ministres; et, pour raffermir la foi, qu'ils auraient crue ébranlée, si l'ex-curé de Saint-Quentin eût subi la peine due à son crime, ils l'ont soustrait au bras séculier de l'exécuteur des lois. Ils ont voulu étouffer la voix puissante de la vérité, comme si cette foi, cette religion qu'il servait si mal, n'était pas fondée sur la justice et la vérité. Plaignons donc ceux qu'un zèle mal entendu, qu'un fanatisme toujours dangereux a pu égarer ainsi; mais rappelons-leur que les tems d'ignorance sont passés, et que, dans un siècle de lumière, la puissance sacerdotale ne se soutiendra pas par l'erreur.

Tout en blâmant les défenseurs de Mingrat, nous leur reconnaissons des motifs; au moins s'ils ne sont pas louables, ils existent. Mais comment deviner ceux du gouvernement sarde? comment expliquer l'étrange conduite d'un état civilisé, voisin même du lieu que le monstre a teint du sang le plus pur, dont les lois sévères ne souffrent même pas dans son sein l'infortuné conspirateur, qu'un instant de délire a poussé vers l'échafaud, et qui vient au nom de l'humanité implorer un asile?

Ah! si tout homme condamné par la justice française ne peut espérer de trouver un refuge en Sardaigne, pourquoi cette distinction en faveur de Mingrat? Le rapt, l'assassinat, ont-ils plus de droits à leur indulgence que la rebellion envers le souverain? A quels funestes abus n'entraînerait pas une telle maxime ! parce qu'un sang obscur aura coulé, il faudra renoncer à l'espoir de le venger ; on accordera au meurtrier la pitié refusée à l'erreur de parti.

Non, tel ne peut être le vœu d'une puissance éclairée, gouvernée par un prince ami de la justice : ce serait commettre une faute impolitique, irréligieuse, anti-sociale même. Je dis impolitique, attendu qu'un gouvernement ami du nôtre ne peut vouloir empêcher l'exécution d'un arrêt rendu publiquement, et d'accord avec les lois émanées de la toute-puissance royale. Irréligieuse, car il est écrit : « Vous n'habiterez pas avec le crime ; vous n'ouvrirez pas votre porte au meurtrier ». Anti-sociale, puisque le maintien de la morale est la base de toute société civilisée, et son but, le bonheur et la conservation de tous. C'est donc s'opposer à ses fins généreuses que de protéger le prêtre sacrilége, le suborneur infâme, et de conserver celui qui ne tend qu'à détruire.

Penserait-on justifier suffisamment cette différence établie entre les coupables par le respect dû à l'homme revêtu de l'habit ecclésiastique ? S'il ne s'est pas fait de cet habit un rempart inaccessible à la pensée d'un crime, pourrait-on espérer qu'il en devînt un pour lui contre l'infamie qu'il aura provoquée ? Non ; car la robe pontificale même n'en a pas préservé l'abominable Alexandre VI.

Espérons donc que les ministres de S. M. Sarde sentiront la justice de notre plainte, et qu'on n'offrira pas plus long-tems aux yeux de l'Europe étonnée le spectacle immoral d'un époux et d'un frère, demandant en vain, depuis vingt-sept mois, à une nation qui se dit probe et généreuse, l'extradition d'un scélérat, qu'elle paraît vouloir (on ne sait trop pourquoi), soustraire à l'échafaud.

Quelle considération pourrait les retenir encore? Serait-ce le titre de prêtre qu'a porté Mingrat? Il ne l'est plus; la loi, qui frappe le coupable, l'efface du nombre des hommes; il n'appartient plus à aucun rang, à aucune caste; il ne laisse entre ceux qui l'ont précédé et ceux qui le suivront, rien. Qui marque son passage sur la terre? rien, qu'une tache de sang.

Il le faut.... J'ai promis de servir la cause de l'époux du frère de Marie. Au moment de commencer cette tâche pénible, je sens la plume s'échapper de mes mains.... Ah! que n'ai-je à peindre la douce union qui régnait entre ces deux modèles de la tendresse conjugale! les chastes amours de cette femme vertueuse; sa vie si pure! Combien j'aimerais le soir, assis avec eux auprès de leur foyer, entendre le bon Charnalet, raconter avec une modeste simplicité des exploits dignes du plus grand courage, et voir sa touchante compagne frémir au moindre danger, sourire à chaque bonne action qu'il a faite, et payer d'un baiser la peine ou le plaisir que ce récit lui a causé.

Telle était pourtant l'existence de ce couple fortuné, quand un monstre, abusant par une ruse infernale du pouvoir que lui donnait son titre respectable sur une ame innocente et pieuse, osa porter ses mains impures sur celle qu'il était appelé par son état à guider dans le chemin de la vertu. Il ne l'a point séduite; il n'a pas couvert de fleurs l'abîme où il voulait l'entraîner.... A l'exemple de Tartuffe, il n'a pas même osé lui dire pour la convaincre :

> Que ce n'est pas pécher que pécher en silence;
> Qu'il est avec le ciel des accommodemens.

Non... c'est le poignard sur la gorge, c'est au milieu des plus horribles tortures qu'il a satisfait sa passion frénétique ; pour arriver à ce comble de scélératesse, il faut avoir eu dans son cœur le germe du vice dès sa plus tendre enfance.

Nous allons, autant qu'il sera en notre pouvoir, suivre Mingrat depuis son enfance jusqu'à ce jour, et livrer à l'opinion publique celui que l'échafaud ne réclamera peut-être pas toujours en vain.

Antoine Mingrat naquit à Lemps (ou Grand-Lemps), village du Dauphiné, à sept lieues de

Saint-Quentin. Son père exerçait la profession de charron, et ne jouissait pas d'une réputation intacte; mauvais époux, mauvais père, il partageait son tems entre les devoirs de son état et la débauche; encore les deux parts étaient-elles fort inégales : car, naturellement fainéant, il ne retournait à sa forge que pour acquitter ses dettes du cabaret, et trouver dans un travail insuffisant pour soutenir sa famille (1) le moyen de satisfaire son goût pour l'ivrognerie.

L'ambition et le fanatisme de religion semblaient s'être réunis pour former le caractère de madame Mingrat; on l'entendait souvent médire de ceux qui pouvaient mettre obstacle à ses vues ambitieuses, ou flatter bassement ceux dont elle voulait employer le crédit pour la servir; intrigante par instinct, méchante par calcul, elle n'eut point la pensée de nuire, mais de parvenir par toutes les voies possibles; telle fut la mère d'Antoine. C'est à ces deux êtres qu'il dut la vie; quel couple! et quels enfans en devaient naître!... Non que je veuille ici soutenir cette fausse maxime de *tel père tel fils*; ce paradoxe inventé sans doute pour

---

(1) Qui se composait de deux fils et une fille. Cette dernière mourut en bas âge; le frère, qui suivait les mêmes études que Mingrat, fut chassé injustement du séminaire après le crime de son frère.

justifier l'amour-propre de ceux qui croient le mérite héréditaire dans les familles, n'est par encore prouvé.

Le jeune Mingrat, négligé par son père, qui n'eut jamais aucune tendresse pour ses enfans, devint l'objet des prédilections de sa mère; à mesure que son caractère odieux se développait, madame Mingrat, loin de le reprendre sur ses défauts, semblait l'encourager par ses imprudentes faiblesses; quelquefois elle voulait user de son autorité, mais une larme de son fils la rendait muette; Antoine pleurait; et l'on attribuait au repentir sincère ce que produisait seule la dissimulation; s'il éprouva jamais de vraie douleur, c'est lorsqu'il laissa échapper l'occasion de mal faire. A l'âge où tout est innocence et naïveté, Mingrat savait déjà quand il était nécessaire de feindre; jamais on ne le vit rougir d'une mauvaise action.

Sa mère, qui l'adorait, était sa première institutrice; à peine savait-elle signer, néanmoins son fils fatigua tellement sa patience par son indocilité, qu'elle fut obligée d'y renoncer; alors Mingrat donna toutes les journées aux jeux de son âge; mais quels jeux! Toujours censeur de ses camarades, il se faisait raconter leurs fautes, et les condamnant à des peines au-dessus du délit, comme ses peines étaient un mal à subir, alors il quittait le rôle de juge pour devenir le bourreau; ainsi se déclaraient ses penchans à la cruauté; ses camarades auraient bien voulu se révolter contre ses actes arbitraires, mais Mingrat était fort, et savait toujours avoir raison auprès des parens crédules, à qui, par rafinement de méchanceté, il divulguait et grossissait même les fautes de leurs enfans.

Le lecteur trouvera peut-être ces récits puérils. Mais si je m'appesantis là-dessus, c'est pour prouver combien il est nécessaire de réprimer les premiers penchans des enfans vers le mal ; jusque dans leurs moindres actions, on peut prévoir ce qu'ils seront un jour.

Mingrat, haï de tous, fut obligé de partir de Lemps pour suivre sa mère, au grand contentement des enfans de son âge, qu'il avait tant tourmentés.

Madame Mingrat, à la suite d'une discussion qu'elle eut avec son mari (qui la réduisait à la misère par sa fainéantise), partit pour Grenoble emmenant avec elle son enfant chéri. Le but de son voyage était de se faire recevoir sage-femme; elle crut (peut-être avec raison) que l'intrigue était plus nécessaire que le talent; aussi chaque jour courait-elle de l'un à l'autre pour obtenir un diplôme.

Pendant ce tems Mingrat restait seul à la maison, s'occupait des soins du ménage; le reste de son tems était consacré aux jeux ou au repos; cette existence aurait eu pour lui bien des charmes si l'occasion de nuire se fût présentée plus souvent, mais il ne connaissait que les filles de madame J.... accoucheuse, chez laquelle sa mère fesait ses études, et chez qui ils demeuraient. Antoine était souvent chez elles dans ses momens de solitude; il avait réfléchi, autant que son jeune âge le lui permettait, aux différens états qu'il voudrait embrasser : celui de prêtre semblait être le seul qui lui convînt; comme il aimait à primer sur tous ceux qui l'entouraient, et qu'il entendait sa mère parler avec tant de respect des gens d'église, il résolut de le devenir. Un jour que son enthousiasme était à son plus haut période, il en fit part à ses jeunes voisines, qui s'offrirent à le tonsurer; Antoine est enchanté: il courbe la tête, et ses cheveux tombent sous les ciseaux; à peine l'opération est terminée qu'il vole chez sa mère; elle n'était pas de retour; il employa cet instant à se composer un maintien doctoral, il prend un livre, et s'étudie a déclamer comme les prédicateurs qu'il entendait chaque jour; la porte s'ouvre, sa mère paraît: il court au-devant d'elle, et, d'un air de triomphe, lui montre sa nuque à demi dépouillée; madame Mingrat est étonnée, demande la cause de cet événement. Ah! ma mère, répond Antoine avec onction, on m'a fait prêtre! telle est la volonté du ciel! La mère enflammée d'un saint courroux, vole chez les joyeuses tonsurières qui s'étaient faites un jeu des désirs du jeune Mingrat; elle les accable d'invectives, crie au sacrilége, les accuse d'avoir joué des choses saintes, et sort en disant que son fils n'est pas digne de recevoir l'Ordre. (Croyait-elle dire vrai?) Arrivée chez elle, madame Mingrat veut en vain faire entendre à son fils que l'on n'a fait qu'abuser de sa crédulité; mais Antoine s'obstine, et lui jure que sa résolution est prise, que le ciel lui-même l'appelle à la prêtrise, et qu'il suivra sa vocation en dépit de tout.

Quelque tems après cette scène, la mère d'Antoine, voyant qu'elle ne pouvait parvenir à réaliser ses espérances se vit forcée de retourner à Lemps.

Vainement Mingrat parla mainte fois à son père du désir qu'il avait d'entrer au séminaire; celui-ci, ne goûtant pas du tout les projets de son fils, le mit en apprentissage chez un peigneur de chanvre. Voilà pour un instant les beaux rêves de Mingrat évanouis, lui qui déjà se croyait pour le moins évêque.

Nous ne le suivrons pas dans cette maison où, il ne lui arriva rien qui soit digne d'être rapporté si ce n'est que sa fainéantise, sa désobéissance et son incapacité, fatiguèrent tellement ses maîtres qu'ils furent contraints de le chasser honteusement.

Alors une de ses tantes essaya de lui donner quelque idée d'une première éducation, non sans être mainte et mainte fois découragée et obsédée de son peu d'aptitude; mais sa tendresse pour lui la forçait à continuer des soins si pénibles et si mal payés (1).

Comme rien n'était décidé sur le sort futur de Mingrat, que sa mère, désolée de son peu d'application, essuyait chaque jour les reproches de son mari sur son aveugle faiblesse, elle prit la résolution d'intéresser en sa faveur madame de V***, chez laquelle elle était parvenue à s'introduire à force de soins assidus et de complaisances. Elle voulut voir cet enfant, dont on avait eu grand soin de lui cacher les defauts; il lui fut présenté. Il avait alors seize ans; elle l'interrogea sur ses habitudes, sur son éducation : on parla religion;

(1) Pourtant Mingrat, parvenu à la cure de Saint-Quentin, se montra reconnaissant envers elle; il la fit nommer institutrice, en commettant une injustice, il est vrai, envers sa devancière; mais il est de fait qu'il s'en était rappelé; quelques personnes ont dit que c'était dans des motifs coupables, mais nous ne les croyons point.

Mingrat élevé par sa mère, dévote dans toute l'acception du mot, était assez instruit pour répondre avec justesse; d'ailleurs, sa leçon était faite; il savait quel maintien il était nécessaire d'avoir. Jamais élève ne fit plus d'honneur à son maître; il ne parlait que de Dieu, de son divin Rédempteur, et à chacun de ces mots, il faisait un signe de croix.

Madame de V***, très-pieuse de son naturel, fut enchantée; le jeune Antoine, espérant beaucoup de la générosité de cette dame, lóin de laisser tomber une conversation intéressante pour tous deux, la ranima; puis, levant les yeux vers le ciel, hasarda quelques paroles sur son ancien projet. « Ah! si j'étais prêtre, disait-il. » Ces mots, plusieurs fois répétés, frappèrent cette dame. Elle lui demanda quel motif lui fesait désirer l'état ecclésiastique. Il lui répondit, comme à sa mère, que c'était la volonté du ciel. Dès ce moment, madame de V*** devint sa protectrice; Mingrat devait, suivant elle, ajouter un nouveau lustre à l'état qu'il voulait embrasser, et peut-être un nom à la sainte légende; aussi s'empressa-t-elle d'ordonner à M. B...., chapelain de son château, de faire entrer au séminaire de Grenoble ce prodige de vertus.

Il est au comble de ses vœux : quel avenir

pour lui se présente ; le rabat succède à la blouse, la mitre au rabat, le chapeau, à la mitre, et peut-être la thiare au chapeau.

Bientôt, tout est convenu pour le départ d'Antoine; sa mère lui dit adieu en pleurant de joie, son ambition, celle de son fils allait être satisfaite; quant au père Mingrat, il n'éprouva que le plaisir d'en être débarrassé. Mingrat se met donc en route avec le chapelain et douze autres enfans de pauvres gens que l'on destinait, ainsi que lui, au sacerdoce (1).

L'austérité d'un séminaire ne l'effraie point; il ne sera pas seul, et comme nuire à quelqu'un est tout ce qu'il faut à ce monstre, les occasions ne peuvent lui manquer; parmi tant de jeunes gens il serait bien malheureux pour lui qu'il ne trouvât pas le moyen d'avoir une victime! tous devaient l'être.....

Déjà son imagination devance la marche des tems, il se voit libre de ses actions; grâce à l'habit qu'il va porter, il croit pouvoir tout se permettre; oserait-on attaquer la réputation d'un prêtre ? tel est le raisonnement qu'il se fait. Il sourit en pensant que l'impunité sera son partage, et c'est en rêvant le crime qu'il voit s'ouvrir pour

(1) Je m'abstiens des réflexions que ce choix peu réfléchit doit faire naître......

lui les portes du séminaire, où le conduisait le bon chapelain. Antoine, une fois installé, ne se distingua ni par son application, ni par une meilleure conduite que celle qu'il avait eue jusqu'alors, il n'en gagna pas moins la confiance de ses supérieurs ; mais ce qu'il fit pour l'acquérir est encore une preuve de ce penchant au mal, qui le poussa toute sa vie aux actions les plus criminelles.

Dans tous les tems l'espionage fut employé par ceux qui gouvernent et dirigent un grand nombre d'individus. Peut-être est-il blâmable de se servir de ce moyen dans un lieu consacré à n'inspirer que des pensées de morale et de vertu; nous croyons même que la proposer à la jeunesse, c'est plutôt la corrompre que l'instruire ; mais, cette fois, le mal était fait. En instituant Mingrat l'espion de ses camarades, on ne fit que le placer dans son élément; il devint l'ennemi déclaré de tous ceux qui l'emportaient sur lui par le savoir ou les qualités, et le nombre était grand; les dénonciations pleuvaient chaque jour, aussi le récompensait-on bien, et même on l'a vu quelquefois commettre une faute pour en accuser celui qu'il voulait perdre.

De semblables exemples ont plus d'une fois affligé l'humanité. Combien d'honnêtes gens ont été dénoncés par ces infâmes chargés de découvrir les coupables, et qui se servent souvent des innocens pour conserver une place qu'ils perdraient infailliblement, s'ils ne fournissaient pas leur contingent de victimes!

Les maîtres de Mingrat ne bornèrent pas là les encouragemens de ses vices odieux. Toute communication au-dehors était interdite aux jeunes séminaristes; Antoine seul obtint la permission de sortir, et comment employait-il ses momens de liberté? à les passer dans les lieux de débauche.

Ainsi se passa le tems de ses études, dont il vit (malgré sa vie libre) arriver l'heureux terme avec joie. Le sacrement de l'Ordre mit le comble à tous ses désirs, et sa nomination à la cure de Saint-Aupe en couronna l'édifice. Avant de partir pour sa petite principauté, il célébra sa première messe dans l'église cathédrale de Grenoble, à laquelle assistèrent madame de V***, l'ambitieuse et triomphante mère d'Antoine, ainsi que les joyeuses tonsurières, qui croyaient voir encore errer leurs ciseaux sur la nuque parfumée de ce singulier curé.

Mingrat s'empressa d'aller prendre possession de sa cure; c'est là qu'il commença sa vie scandaleuse.

Quelles réflexions ce passage de la vie de Mingrat ne fait-il pas naître? Un homme obscur s'annonce dans son enfance par des goûts dépravés, un penchant continuel pour le vice, tous ses momens y sont consacrés; il se refuse aux lumières de l'instruction, et néanmoins on l'investit du droit auguste d'instruire, de juger et d'absoudre les hommes. Un manteau sacré couvre son cœur pervers; et quand l'opprobre devrait être son partage, il a trouvé par la route du crime le moyen d'arriver au poste le plus honorable. L'erreur de ceux qui lui en ont frayé le chemin est involontaire sans doute; mais ne prouve-t-elle pas assez combien il est nécessaire d'examiner la conduite passée de celui que l'on destine à ce noble emploi? Un pasteur sacrilége est le dernier des hommes : quelle confiance le troupeau qu'il est appelé à gouverner aura-t-il en ses leçons, quand il les démentira par ses exemples; viendra-t-il se prosterner au pied du tribunal de la pénitence, quand il saura que son juge est plus coupable que lui? Oui, je le répète, un mauvais prêtre fermera plus de cœurs aux vérités de la religion que n'en aurait ouvert l'éloquence de dix Fénélon. Les fidèles, trompés par celui-ci, ne seraient-ils pas en droit de se défier des autres? l'expérience apprend trop qu'une fois trahi dans ses espérances, le peuple généralise sa haine, et qu'il faut bien des vertus pour le faire revenir de son premier jugement.

A peine Mingrat fut-il établi à Saint-Aupe,

qu'il se montra tel qu'il avait toujours été ; son presbytère devint un lieu de scandale; vainement il cherchait à cacher son infâme conduite, sous les dehors du rigorisme; tous les yeux étaient fixés sur ses intrigues clandestines. Celui qui ne devait inspirer que l'amour de la paix, sema la discorde dans plusieurs ménages. Des époux désunis, des filles déshonorées, voilà ce qui est resté de son séjour dans ce pays. Comme il était d'une force extraordinaire, il s'en faisait un moyen de séduction auprès de celles qu'il ne pouvait vaincre par ses discours; plus d'une fois, il a dû à sa brutalité ce qui n'était réservé qu'à l'amour. Ses sermons ne valaient pas mieux que ses mœurs; aussi tous les habitans, indignés contre lui, le menacèrent souvent d'avoir recours aux autorités pour s'en défaire. Mingrat riait de leurs menaces, et ne changeait rien à sa manière de vivre; ou plutôt, si on doit en croire les bruits répandus dans le canton, il ajouta de nouvelles horreurs à celles qu'il avait déjà commises..... La terre est muette, les fosses du cimetière de Saint-Aupe ne se r'ouvriront jamais pour dénoncer ses délits..... Dormez en paix, fruits infortunés des coupables amours de Mingrat; je ne veux point troubler le silence des tombeaux!....

Le désordre augmentait, les bruits sourds circulaient sur son compte; on n'osait l'attaquer;

mais on voulait son expulsion, on craignait. Mingrat lui-même commençait à n'être plus tranquille : une nouvelle liaison avec la fille d'un de ses paroissiens fut rendue publique. Il devint alors impossible de se contenir plus long-tems; on se porta en foule vers les autorités, et Mingrat reçut l'ordre d'abandonner sa cure.

M. Ph...., curé de Miribel, lui écrivit sur son indigne conduite les reproches les plus durs. Parmi les expressions dont il se servait, on a retenu cette phrase : « Mettez une montagne entre » vous et les hommes... » Que n'a-t-il accompli ce vœu!

Mingrat, chassé de Saint-Aupe, fut envoyé expier sa mauvaise conduite à la cure de Saint-Quentin, ou, pour mieux dire, on sembla l'avoir oublié en lui donnant cette place.

Il n'avait alors que vingt-huit ans. C'est ici, je crois, le moment de tracer le portrait de ce monstre, qui, pour me servir de l'expression d'un éloquent orateur (1), « suait le crime par tous ses » pores. »

Des cheveux noirs et plats, un front très-étroit, des sourcils épais, ombragent un œil brun, sombre et faux; le regard farouche, la bouche grande,

(1) Mirabeau parlant de Beaumarchais.

les lèvres épaisses, n'expriment que la colère ou le dédain; la taille haute, massive et presque colossale, joignant à cela une force herculéenne : voilà l'homme au physique; quant au moral, le lecteur le connaît déjà; les faits suffisent pour le peindre.

Il n'arriva pas à Saint-Quentin sans que sa mauvaise réputation ne l'eût précédé; aussi, voyant bien qu'il était nécessaire de la rétablir auprès de ses nouveaux paroissiens, il afficha une grande austérité de principes. Son caractère hautain se fit remarquer plus d'une fois; mais son zèle pour le service divin servait toujours de prétexte à ses arrogantes remontrances : il gourmandait sans cesse ses paroissiens sur leur peu de piété envers un Dieu de clémence et de miséricorde, dont il ne parlait jamais que la menace à la bouche; il voulait qu'on tremblât à sa voix, et c'est aussi l'effet qu'il produisait sur ceux qu'il ne faisait pas rire de pitié. Fanatique par nature comme par besoin de parvenir, il aurait voulu soumettre au despotisme le plus affreux le troupeau qu'il endoctrinait; il eût armé le frère contre le frère, la femme contre le mari, le fils contre le père, et jeté parmi tous le flambeau de la discorde. O heureux tems des saint-Barthélemy! tems non moins heureux des Dragonades! Mingrat vous a manqué, sa naissance fut une erreur de deux siècles.

Une seule anecdote, racontée ici par la personne même qu'elle concerne, suffira pour faire connaître avec quelle charité chrétienne Mingrat remplissait les devoirs de son état : M. C...., habitant de Grenoble, visitait avec un de ses amis (presque privé de l'usage de ses membres) l'église de Saint-Quentin; ils arrivèrent au moment où Mingrat officiait. M. C.... s'était agenouillé, mais son ami, ne l'ayant pu, se courbait respectueusement; Mingrat l'apercevant s'écrie : « A genoux ! » Le malade s'efforce avec douleur de plier ses membres engourdis; mais Mingrat, non content de son attitude, s'écria le visage enflammé de courroux : « A genoux, ou point de communion! » Comme il se disposait à exécuter ses menaces, M. C.... dit avec force : « Continuez, monsieur, » tout le monde est prosterné. » Ce mot mit fin à cette scandaleuse scène, et Mingrat acheva sa messe. A son retour au presbytère, il trouva M. C...., qui lui fit les reproches que méritait sa conduite révoltante ; mais Mingrat le menaça encore : M. C.... sortit de chez lui, non sans lui avoir prouvé courageusement tout le mépris dont il était digne.

Depuis son arrivée à Saint-Quentin, les danses, les jeux, les plus innocens plaisirs étaient défendus. Le jour de la fête du patron du lieu, la jeunesse s'étant réunie, animée par la gaîté, elle crut pouvoir se permettre d'enfreindre les lois de leur curé : on dansa. Mingrat les épiait, il monta dans le haut du clocher, et, regardant par un trou, il fut le spectateur des plaisirs qu'il avait défendus dans ses sermons. Les jeunes gens s'aperçurent des menées du pasteur, et ne firent qu'en plaisanter; Mingrat se promit bien de prendre sa revanche : le dimanche suivant, rassemblant toute la force de son éloquence, il commença la brillante péroraison de son sermon par ces mots dignes de remarque : « Vous avez foulé aux pieds » les cendres de vos ancêtres, qui sont là bas au » diable (1). » On juge de l'effet qu'a dû produire un sermon de ce genre.

La cure de Saint-Quentin était ainsi administrée, lorsqu'un événement épouvantable vint porter la douleur dans tout le canton.

A un quart de lieue de Saint-Quentin, au hameau du Git, vivait paisible un couple fortuné, Étienne Charnalet et Marie Gérin son épouse. Après avoir défendu sa patrie, et s'être retiré en 1817, paré des marques honorables de sa valeur, Étienne vint déposer son mousquet sous le toît paternel qui vit élever son enfance. Là, pour prix d'une

---

(1) C'est un vaste et ancien cimetière aujourd'hui place publique.

vie pure et utile, il reçut la main de Marie, issue comme lui de parens probes et aisés, dont l'heureux caractère semblait promettre à Charnalet une longue série d'années coulées dans la plus parfaite félicité.

Marie, âgée alors de vingt-six ans, joignait aux plus rares vertus une beauté parfaite.

Six ans s'étaient écoulés dans cette union paisible, rien n'avait altéré leur amour mutuel, lorsque Marie perdit sa mère. Ah! combien elle priait pour pouvoir se résigner à cette perte douloureuse! Pieuse par sentiment, elle le devint plus encore par le besoin d'épancher son cœur dans le sein de celui qui console de tout. La voûte du temple sacré retentissait souvent de sa voix céleste, et cette charmante femme ne laissait jamais échapper aucune occasion de prouver son amour et son zèle pour le service du culte saint; elle se prêtait à tous les soins qu'exigent l'entretien et l'arrangement de l'église. Cet empressement lui donnait un mérite aux yeux de tous, et le curé même ne fut pas long-tems sans la remarquer. Dès ce moment, il conçut l'affreux projet de la séduire : pénétrer chez elle n'était pas difficile, la visite du curé est un honneur pour les paroissiens, chacun l'envie; mais Marie n'eut pas besoin de la désirer. Prier, chérir son époux, et soulager les pauvres malheureux, telle était son existence.

Bien souvent Mingrat arrivait chez elle avec la ferme résolution de parler de son amour, et Marie, l'innocente Marie, l'entretenait du besoin des pauvres, lui fesant accepter les épargnes qu'elle leur destinait. Mingrat ne pouvait placer un mot de son infâme passion, ainsi la vertu sembla quelque tems être sa sauve-garde contre les attaques du monstre. Les infortunés du Git et de Saint-Quentin n'étaient pas les seuls objets de sa sollicitude : M. Ravix, cet estimable curé de Monteau, dont nous avons déjà parlé, reçut d'elle, quelques jours avant que Mingrat l'eût lâchement assassinée, une pièce de toile de soixante aunes pour la distribuer aux pauvres. Charnalet était toujours de moitié dans ses bonnes œuvres, et plus d'une fois il s'imposa des privations pour les augmenter. Ils avaient les mœurs de l'âge d'or ; mais l'âge d'or ne peut plus exister sur la terre.

Trois mois s'étaient écoulés depuis que Mingrat desservait la cure de Saint-Quentin : il n'avait encore pu faire comprendre à Marie les véritables motifs de ses visites, quand le 7 mai il apprit par elle que l'on devait célébrer, le 9, à Veurey, village à deux lieues de Saint-Quentin, une première communion : aussitôt son imagination s'enflamme, il entrevoit le moyen de réaliser sa coupable espérance, et sort de chez elle en roulant dans sa tête le plus affreux projet. De retour chez lui, il s'empresse de rassembler les instrumens du sanglant sacrifice qu'il veut consommer.

La nuit du 7 au 8 couvrait de son voile ses apprêts terribles; Mingrat veillait seul peut-être.... non, sa victime veillait aussi; mais quels objets différens les occupaient tous deux! au presbytère, des préparatifs de mort; dans la maisonnette du Git, une ame pieuse demandait à son Créateur assez de vertus pour être admise à sa table divine.

Hélas! pauvre malheureuse! tu ne croyais pas abandonner sitôt cette terre de larmes! Le sommeil mit fin à ses prières. Mingrat ferma aussi ses paupières; mais c'est l'enfer qu'il avait invoqué avant de s'endormir. Le 8 mai, Marie s'occupa toute la matinée du soin de son ménage : Mingrat n'osait trop se hâter; il attendit avec une cruelle impatience que le jour fût avancé : quatre heures du soir vont sonner; alors il se dispose à prendre le chemin du Git. Arrivé non loin de la demeure de Marie, il s'arrêta quelques instans chez M. Bourdis, dont l'habitation était voisine de celle de Marie; ces braves gens lui offrent avec cordialité du vin blanc; Mingrat accepte, et, pour détourner tout soupçon sur ses projets, il leur dit qu'ayant appris que madame Charnalet fesait le lendemain un voyage à Veurey, il va chez elle pour la prier de remettre une lettre au curé du lieu; le fils de M. Bourdis s'offre d'accompagner

Mingrat jusque chez Marie ; celui-ci, un peu contrarié, accepte pourtant, et ils sortent.

Marie était seule ; elle les reçut avec cet air amical d'un cœur franc, leur offrit des rafraîchissemens, et mit sur sa table du pain, du vin, du fromage et quelques fruits de la saison. Le fils Bourdis, après avoir satisfait à l'aimable empressement de Marie, la laissa seule avec le curé. Déjà il se réjouissait de ce tête-à-tête, quand une nouvelle visite vint le troubler ; un voisin succéda au jeune homme, il fut reçu comme le premier, prit part à la collation ; mais bientôt il se retira, et laissa pour la seconde fois Marie seule, avec le fourbe qui méditait son déshonneur ou sa perte. Il n'ose encore hasarder ce que son cœur renferme ; l'heure, le lieu semblent s'opposer à l'exécution de ses projets ; tout ici pouvait le trahir : c'est au presbytère qu'il doit l'attendre, aussi ne parle-t-il que de la communion, de son voyage à Veurey et de la lettre dont il voudrait la charger ; mais il ne l'a pas sur lui. Marie doit aller se confesser à Saint-Quentin ; alors il promet de lui remettre cette lettre ; tout est convenu ; Mingrat va sortir ; il voudrait pourtant, avant de la quitter, l'instruire indirectement de son amour, mais quel moyen employer? un seul se présente à son imagination enflammée, il s'empresse de s'en servir : la jeune épouse de Charnalet ne lui paraît pas suffisamment disposée à recevoir le pain sacré, une lecture pieuse serait nécessaire, il la propose, et Marie accepte avec reconnaissance. C'est par les leçons que l'on puise dans les livres saints qu'il prétend faire naître en son cœur la plus coupable pensée. Familiarisé avec le crime, il savait sans doute que l'histoire des plus grands scélérats a offert de semblables exemples (1). L'ouvrage qu'il va lire traite de l'amour du créateur, lui n'y voit que celui de la créature ; il prête aux expressions de l'auteur tout le feu qui l'anime, y mêle quelques mots passionnés, et parvient à faire l'aveu de son amour. Il croit qu'on l'a compris, ses traits sont animés, ses regards enflammés ; il cherche à pénétrer l'ame de celle qui l'écoute, mais Marie édifiée n'a rien entendu que le véritable sens de l'ouvrage, n'a rien vu dans les réflexions de son curé que l'intérêt qu'il met à son salut.

Pendant cette occupation, à la fois innocente et perverse, Mingrat avait mêlé à ses paroles d'amour des gestes bien significatifs pour un autre que Marie ; cet autre était un jeune homme nommé Vial, qui, intrigué de la longueur de la visite du curé, excité par quelques voisines qui travaillaient

---

(1) On lit, dans les *Causes célèbres*, qu'un voleur de grand chemin n'assassinait jamais un voyageur qu'après avoir lu un chapitre de la *Bible*.

auprès de la maison Charnalet, était venu s'établir contre la fenêtre de la cuisine où Mingrat se trouvait avec Marie ; l'œil et l'oreille au guet, il s'amusa quelque tems des œillades du jeune caffard, de sa déclamation passionnée, il vit bien que Marie ne le comprenait pas, mais il la trouva si claire qu'il fut s'en divertir avec celles qui l'avaient envoyé (1).

La lecture terminée, Mingrat, enflammé plus que jamais, quitte Marie, en lui recommandant d'être exacte au rendez-vous : il peut compter sur elle ; jamais cette femme estimable n'a manqué de s'acquitter d'un devoir de religion. Elle promet que dans une heure elle sera au confessional ; restée seule, elle s'empresse de préparer ce qui est nécessaire à son mari, et, dès qu'elle se voit libre, elle s'achemine vers Saint-Quentin, non sans prévenir ses voisines qu'elle allait se confesser, et les priait d'assurer son époux de son prochain retour.

Le jeune Vial, ainsi que quelques-uns de ses camarades, riaient en la voyant partir. Ils ne croyaient pas que le but de ce voyage lui serait si funeste. Presque tout le Git fut instruit par eux de la passion du curé. Personne n'en fut

---

(1) Ce fait a jeté un grand jour sur la culpabilité de Mingrat.

étonné, excepté que l'on ne savait comment accorder la conduite de madame Charnalet avec ce que l'on voyait.

Marie continuait sa route; chaque pas qu'elle faisait, la rapprochait de son tombeau; mais elle n'éprouvait que l'empressement d'arriver pour retourner plus tôt auprès de l'époux qu'elle ne devait plus revoir.

Il était cinq heures lorsqu'elle se trouva près de l'église. Ayant passé par les chemins les plus courts et les moins fréquentés pour arriver plus tôt, elle n'avait vu sur son chemin que quelques voisines et la servante du curé, qui s'occupait dans le jardin du presbytère; elle lui dit quelques mots agréables; puis elle entre, hélas! dans le tombeau dont elle ne doit plus sortir.

Le temple est presque seul. Dieu même semble s'être retiré de ce lieu pour ne pas voir le crime trop voisin de son sanctuaire. Marie s'y recueille, adresse sa prière à l'Éternel, et lui demande le pardon de ses fautes.... Ame trop juste! ainsi le dernier moment de sa vie fut tout à Dieu, qui semblait l'abandonner après avoir reçu un si pur et si pieux hommage.

Après avoir fait le chemin de la croix, Marie aperçut dans un banc la seule personne qui fût alors dans l'église avec elle: c'était madame Saint-Michel, ancienne religieuse, qui terminait ses prières. Marie lui demanda si le curé n'était pas venu encore confesser. La dame répond que non, mais qu'elle ira le prévenir si elle le désire. Marie la remercie affectueusement, et dit qu'elle attendra ; alors elle va se prosterner aux pieds de la statue de la Vierge, et s'y recueille pieusement.

Madame Saint-Michel allait quitter ce lieu, lorsqu'elle aperçut au fond de l'église, à la porte du clocher, voisine de l'autel, un grand fantôme noir, ne présentant ni bras ni jambes, et paraissant surmonté d'un chapeau à forme triangulaire. Le fantôme approche, ou plutôt s'élance vers Marie, mais s'arrête tout à coup, recule, et disparaît par la porte du clocher.

Madame Saint-Michel, tremblante, se hâta de quitter son banc aussi vîte que son grand âge le lui permettait. Passant devant Marie, elle s'arrêta un instant, afin de pouvoir l'avertir par un signe de fuir ce lieu qu'elle craignait déjà ; mais hélas, peine inutile ! Marie, plongée dans la plus profonde méditation, n'avait vu ni le fantôme ni la bienveillante religieuse, qui se voit forcée de la laisser dans ce lieu ténébreux.

Six heures sonnaient lorsque madame Saint-Michel laissa la malheureuse pénitente dans la rêverie de son salut ; mais Mingrat, qui ne rêvait qu'enfer, était venu épier Marie, caché dans son large manteau, et s'était retiré précipitamment à la vue de la bonne dame que son apparition avait si fort épouvantée.

Sûr alors d'être seul, il quitte sa lugubre enveloppe, et vient, sous un aspect moins effrayant, se saisir de sa proie.

Il l'approche d'un air bénin, lui observe qu'elle est mise trop peu décemment pour être confessée dans l'église. Il l'invite à monter à la cure, où il l'entendra paisiblement, et lui remettra en même tems la lettre promise pour son ami De Veurey. Marie, soumise et confiante, suit son faux pasteur, qui triomphe, et se croit au comble de ses vœux en la voyant céder à des prétextes que Marie croit innocens.

Arrivé dans un arrière-cabinet, dont il ferma sur lui la porte, il ne s'amusa point à peindre une passion effrénée dont il exigeait le retour. Sûr d'une première résistance, il recourut à des moyens plus prompts, que le monstre, sans doute, avait déjà mis en usage : il saisit d'un bras vigoureux la tremblante Marie. L'affreux bâillon l'assure de son silence ; il l'entraîne sur le lit de douleur, qui va servir d'autel à sa victime..... Qu'on juge des terribles violences que Marie eut à repousser ? Ces débats odieux et révoltans brouillent mon imagination épouvantée, et me refusent la liberté de les décrire........

Le monstre, fatigué sans doute par ses vains efforts, tourmenté par le moment qui s'écoule sans voir son triomphe accompli, effrayé des cris prolongés et sourds de sa souffrante victime, ne voit plus que le besoin...... d'accélérer son dernier moment...... Le furieux détourna ses regards, en lui serrant la gorge d'une main doublement sacrilége, et, son genou vigoureusement appesanti sur la poitrine, il appelle et attend le dernier soupir, qu'il suspend.... l'inhumain.... sur les lèvres de la mourante Marie, dont la vertu et le courage semblent survivre à ses forces éteintes.... Les cris de cette infortunée n'avaient pas été vains. La servante, attirée par le bruit extraordinaire qu'elle avait entendu, était montée jusqu'à la porte, et avait obligé par ses clameurs Mingrat à abandonner sa victime. Il vient lui ordonner de descendre, et retourne aussitôt se repaître, en vrai vampire, des derniers et épouvantables momens que sa noire scélératesse avait su ménager..... Le monstre mêle les frissons de son atroce passion au râle effrayant de la mort....

A sept heures et demie Marie n'existait plus.... La beauté, la vertu, l'amabilité, tout était devenu la proie du trépas et du cannibale qui l'offense encore. Celle qui un instant avant avait imploré le Seigneur, créature céleste, vraiment digne du pain des anges, voit en expirant son chaste corps profané, et par qui? Grand Dieu!.... Ce corps, chef-d'œuvre de la nature, n'aura pas même son tombeau ;..... tandis que son meurtrier peut être encore honoré d'une brillante sépulture.... Je frémis d'indignation.... Retournons à ce théâtre d'horreur.

Le monstre y contemple d'un œil enflammé les beautés que cette déchirante agonie n'a point flétries encore ; il palpe ce cœur pur dont il vient d'arrêter les pulsations pénibles. Ses mains, qui l'ont repoussé avec tant de viguеur, maintenant froides et flexibles, s'abandonnent sans résistance au bourreau, qui vient de leur ravir la grâce et le mouvement. Ses beaux yeux, interprètes des plus doux sentimens et de l'ame la plus pure, sont fermés pour jamais, et ne pourront plus se rouvrir pour l'époux qui l'adore, et que sa bouche expirante avait tant appelé.... Le monstre voit cet objet d'un éternel regret, et ne sent que le dépit de ne pouvoir la ranimer pour la faire expirer encore. Le besoin de pourvoir à sa sûreté l'arrache à cette contemplation criminelle. Le cadavre cesse enfin d'être souillé par les impudiques regards....

Il se rappelle la domestique indiscrète qui est venue l'interrompre un instant avant; après avoir caché à demi son effrayant désordre, il descend auprès d'elle. Cette fille, en l'apercevant, dit

d'un air effrayé : « Ah ! Monsieur, que vous m'a-
« vez fait peur. J'ai cru que vous vous trouviez
« mal, et que vous alliez mourir. » « Taisez-
« vous, vous êtes une bête, » répond Mingrat en courroux. Pour l'éloigner, il lui ordonna de porter un journal chez M. Heurand, à quinze minutes du bourg. La fille, n'osant insister, prit le journal, et feignit de partir, mais brûlant d'épier mieux son maître, elle s'obstina à ne pas vouloir s'éloigner de la maison. Le lecteur ne sera pas fâché que je place ici ses propres aveux. Je reprends de plus haut.

« A l'entrée de la nuit, Raffin, clerc de l'église,
» vint pour demander s'il ne fallait pas sonner
» le service de mort que M. le curé avait annoncé
» au prône du dimanche pour le vendredi ; il s'a-
» dressa à moi, j'appelai M. le curé que je sup-
» posais être dans sa chambre, mais il ne répon-
» dit pas, je pris le parti d'y monter, j'entendis
» des gémissemens sourds, semblables à ceux
» d'une personne expirante ou qui se trouve
» mal ; M. le curé ne répondit point à ma voix ;
» j'esayai de lever le loquet ; mais je trouvai la
» porte fermée en dedans ; craignant que je ne
» forçasse la porte, il me cria d'une voix forte :
» Marie, descendez, je suis à vous ; je compris
» alors que mon maître n'était pas dans sa chambre
» à coucher, mais dans un petit cabinet à côté,

» je descendis; à l'instant M. le curé parut en » haut de l'escalier, et dit : Qui me demande ? » Monsieur, répondis-je, c'est Raffin qui vient » pour savoir s'il faut à l'*angelus* sonner les glas » pour annoncer le service de demain? Il répon- » dit non, et rentra de suite dans sa chambre » fermant sur lui la porte à clef; moi, qui avais » des soupçons, je montai doucement près de » la porte d'où j'entendis les mêmes gémissemens, » mais plus sourds, j'entendis aussi le roulement » d'un lit qu'on agitait violemment dans le petit » cabinet; les gémissemens cessèrent tout à coup; » et, n'entendant plus rien, je descendis; quelque » tems après M. le curé descendit aussi dans le » plus effrayant désordre; je lui dit : — Ah! Mon- » sieur que vous m'avez fait peur, j'ai cru que » vous vous trouviez mal, et que vous alliez mou- » rir? — Taisez-vous, vous êtes une bête, répon- » dit-il d'un air farouche et mécontent; alors il » m'ordonna de porter un journal non loin de » là; au lieu d'aller le porter à M. Heurand, je » passai derrière le clocher, je traversai la basse- » cour, et vint me blotir contre le portail afin » d'être plus à portée d'entendre ce qui se pas- » sait dans le cabinet; je vis avec étonnement » qu'il y avait de la lumière; il faut observer » qu'il n'y avait rien dans le cabinet, ni table ni » autres meubles, excepté le lit; qu'alors M. le

» curé ne pouvait ni lire ni écrire ; je n'entendais
» rien, je m'imaginai de grimper sur le portail
» afin d'essayer si je pourrais voir ce qui s'y pas-
» sait dedans . . . .
» . . . .
» . . . .

» Le bruit que je fis en montant fut assez fort
» pour être entendu de M. le curé ; en effet, je
» l'entendis descendre précipitamment l'escalier,
» et ouvrir de même les portes de la cuisine qui
» communiquaient au hangard ; se dirigeant en-
» suite du côté où il avait entendu le bruit, en
» criant à plusieurs reprises : Qui est là. J'avais eu
» peur, je ne répondis rien, mais le sentant ap-
» procher de moi, je lui dis en tremblant : Mon-
» sieur, c'est moi. Mon maître fâché, me dit :
» —Que fesiez-vous là, au lieu de faire ma com-
» mission? — Monsieur, répondis-je, j'étais ve-
» nue pour fermer le poulaillier. — Vous mentez,
» vous étiez là pour autre chose. M'éloignant de
» lui tout doucement, je rentrai dans la cuisine,
» je servis le souper, j'avertis mon maître qui se
» mit à table, mais ne toucha à rien, car il n'y
» resta environ qu'une minute, et me commanda
» derechef de porter le journal.

Ce qu'elle fit en observant que son maître était encore dans le même désordre que dans l'instant où il avait paru sur l'escalier de sa chambre.

Le scélérat profite de ce moment pour préparer les moyens de faire disparaître le cadavre, un couteau, deux longues cordes et de la ficelle ; cela prêt, il se met à dépouiller entièrement Marie de ses vêtemens, il cache soigneusement ses hardes, à l'exception du mouchoir de cou, il attache les deux pieds ensemble avec la plus longue des cordes; les deux bras sont pareillement attachés croisant sur sa poitrine, il soulève ce corps délicat, et s'apprête à le macérer encore ; mais, la fille de retour au presbytère, force par sa présence le scélérat à suspendre son affreux travail, il descend auprès d'elle, la questionne de nouveau sur ce qu'elle avait vu ; la fille assura qu'elle ignorait toute chose ; il lui recommanda le silence, et remonta dans sa chambre.

Le curé n'avait point soupé; la domestique n'osant toucher à la table, prit un livre de piété, et se mit à lire en attendant avec angoisse le résultat de tous ces étranges mouvemens ; l'œil distrait, l'oreille attentive, elle parcourait à peine les premières lignes, lorsque des coups se font entendre à la porte du présbytère. Cette fille effrayée, incertaine sur ce qu'elle doit faire, reste fixée sur sa chaise ; mais les coups redoublent ; Mingrat se hâte, se précipite vers la porte, qu'il ouvre brusquement en demandant encore qui est là. L'époux de son infortunée victime, accompagné de quelques parens, se présentèrent à lui, et lui demandèrent Marie. Le curé protesta qu'il ne l'avait pas vue ; Charnalet persista, et dit qu'on était sûr de l'avoir vue entrer dans l'église à six heures du soir. Le coupable, embarrassé, dit alors en balbutiant : « En effet, je l'ai » vue dans l'église, où elle priait dévotement ; elle » m'a demandé à être confessée, ce que j'ai refusé à » cause qu'elle n'était pas vêtue avec assez de dé- » cence... et depuis ce moment je ne l'ai point revue. » En prononçant ces derniers mots, il les quitta brusquement, les ayant tenus éloignés de sa porte, comme craignant qu'ils n'entrassent chez lui; il les avait conduits tout doucement jusqu'au milieu d'une place (ou cimetière) attenant au presbytère, et se renferma aussitôt. Charnalet, incertain sur le sort de Marie, se laissa entraîner par sa cousine, qui cherchait à le rassurer, excusant sur divers motifs l'absence de son épouse. Ils retournèrent an Git, qu'ils trouvèrent solitaire, et revinrent au bourg pour mettre plusieurs gens en campagne, qui furent chargés de parcourir les lieux voisins.

Plusieurs personnes, se joignant à Charnalet dans ses recherches, observèrent qu'elle pourrait s'être trouvée mal dans l'église; car ce lieu semblait toujours les attirer malgré eux. Sur cet avis, on courut éveiller le sonneur; on fut ouvrir l'église, que l'on parcourut dans la plus grande auxiété.

Ce temple rustique ne renfermait déjà plus l'objet de leurs recherches; en vain ses voûtes furent frappées par les voix éplorées qui les firent retentir de leurs gémissemens, et du nom de Marie; en vain refouilla-t-on les plus obscurs recoins: celle qu'ils cherchaient avec tant de crainte et d'angoisse était loin de ces murs.

Pendant cette recherche, les jeunes gens, instruits par Vial de la visite du curé chez Marie, de son apparition dans l'église par madame Saint-Michel, et de son retard par les démarches du mari, s'étaient grouppés autour de l'église, et commentaient ces circonstances qu'ils appelaient une affaire galante; ils supposaient même que l'amoureux curé soupait avec Marie; ils se firent une fête et un malin plaisir de suivre et guéter les amans pour en faire des plaisanteries.

Ils laissèrent donc repartir Charnalet et les amis, et restèrent en sentinelle près d'un mur attenant au presbytère.

Mingrat, après avoir congédié l'époux et les parens de sa victime, se hâta d'éloigner le seul témoin qui le gênait encore. Il ordonna à sa servante d'aller se coucher: on se rappelle qu'elle passait les nuits loin du presbytère, depuis que la tante de Mingrat était en voyage. Cette fille, avant d'obéir, demanda à son maître s'il fallait desservir? Non, répondit Mingrat, je desservirai moi-même. Elle partit; et la pauvre fille ne cessa, jusqu'au jour, d'être tourmentée par les différentes pensées qui l'agitèrent. Après son départ, Mingrat, bien certain de n'être plus observé, courut auprès de sa victime inanimée; la soulevant avec force, il la lança (à l'aide des cordes) par une fenêtre donnant sur la cour, et la descendit au pied du mur de la maison; puis, cachant sa lumière, il vint aussitôt dans la basse-cour, s'empara de la corde, et traîna impitoyablement le corps délicat de la plus belle créature sur les ronces, les rocs et la boue, dont il fut tout couvert.

Le tems était orageux; la lune se montrait pourtant à de longs intervalles, paraissant n'éclairer qu'à regret cette scène d'horreur.

Rien ne devait arrêter Mingrat, il s'efforçait de traîner son horrible fardeau vers l'Isère (à un quart de lieue de Saint-Quentin). Arrivé sur le lieu que l'on appelle la Roche, deux marches pratiquées dans cet énorme roc présentent une difficulté à surmonter; Mingrat, pressé par la circonstance, ne délibéra point. Il s'élance au-delà des escaliers, tirant après lui ce corps macéré, et l'obligeant à y laisser une dépouille misérable. La tête de Marie, rebondissant sur la pierre, laissa l'empreinte de son sang; des lambeaux de cheveux et de chairs meurtries restèrent sur ce lieu, comme un témoignage accusateur qui convainquait du crime de Mingrat.

Quoique fort et vigoureux, Mingrat fut obligé de s'arrêter sous la Roche. Ce site effrayant était digne de l'hôte qu'il recevait : un roc énorme coupé à pic, élevé à la hauteur de soixante pieds, tenant l'espace de deux cents pas et plus, présentant la régularité d'un formidable mur (vu du côté de l'Isère), tapissé dans la totalité d'un feuillage noirâtre; le sol inégal et rocailleux, semé de plantes épineuses et sauvages, garni de vieux noyers dont les profondes cavités servent d'asile aux oiseaux des ténèbres, et qui ressemblent à des colonnes rustiques qui soutiennent un dôme lugubre, dont l'épaisseur et le bruissement continuel redoublent encore l'obscurité et l'horreur de ce lieu.

Là, Mingrat, plus féroce que les reptiles que ce lieu recelait, sentit le besoin de reprendre ses forces : il tint conseil avec son génie infernal pour savoir s'il fallait redoubler d'efforts pour atteindre les bords de l'Isère, qui se trouvaient encore éloignés, ou prendre les moyens de rendre plus léger son pénible fardeau (1). Il s'arrête à

(1) C'est pendant qu'il était sous la Roche qu'on fesait la recherche de Marie dans l'église.

ce dernier avis. Tirant son couteau de sa poche, il porta son premier coup, obliquement depuis l'épaule droite jusqu'au dessous des côtes gauches, et partageant tout le sein droit, ce coup lui montra des difficultés imprévues; alors, Mingrat changeant d'idée, attacha le corps sanglant par une jambe au plus proche noyer; il s'empara de l'autre jambe, et par des secousses réitérées, il s'efforça de l'écarteler, pour séparer les jambes du tronc; ce qui ne lui réussit pas mieux. Dans sa rage impuissante, il ne voit que la ressource d'un instrument fort et tranchant. Il vole au presbytère, arrache le couteau à hacher pendu à un clou de la cuisine, où la rouille le retenait oisif, revient à la roche, et d'un bras vigoureux achève son affreux ouvrage.

Minuit sonnait, le silence et la terreur qu'inspire cette heure imposante, n'arrête, n'effraie pas même ce terrible assassin; les oiseaux de nuit que l'orage obligeait à chercher un asile, effrayés seuls par les coups redoublés dont retentit le roc, fuyaient épouvantés, et s'éloignaient de ce lieu, qui se vit, pour la première fois teint du sang d'une victime humaine.

Les esquilles de chair et d'os qui jaillissaient sous la hache du scélérat frappaient les arbres et les rocs, muets témoins de cette scène, et semblaient frémir en recevant de si tristes dépouilles (1).

Ces coups affreux et multipliés ne furent point infructueux, la partie frappée céda; la cuisse fut séparée du tronc. Il répéta ce manége pour la seconde fois. Les deux jambes étant tombées, il s'empressa de les transporter vers un ruisseau voisin qui se jetait à l'Isère, et les lança toutes deux dans ses eaux.

Revenant chercher le tronc, il le porta d'un pas sûr et précipité vers l'Isère, déposant sur ses bords le mouchoir de l'infortuné (par rafinement de scélératesse, pour laisser entrevoir qu'elle s'était noyée). Touchant au moment de son absolu triomphe, il lança le tronc de la malheureuse victime.... L'air gémit sous cette masse de chair informe qui portait encore une figure intéressante, où l'innocence et le calme semblaient dormir. L'eau jaillit et recule en se sentant frappée de ce corps effrayant; elle se replie sur lui. Mingrat voit avec une joie féroce se refermer la tombe humide qui dérobe son crime à tous les

---

(1) Une maison, tout près de ces lieux, était en ce moment gardée par une seule femme très-âgée; les habitans étaient à une tuilerie éloignée, où leur ouvrage les obligeait à passer la nuit; et, la bonne vieille interrogée, a rejeté sur le bruit de l'orage la cause de son ignorance.

yeux.... Mais le murmure de cette eau blanchissante, qui bondit jusqu'aux pieds du monstre, semble un cri prolongé et douloureux, qui déchire son oreille en imitant le dernier soupir de celle qu'il vient d'inhumer! . . . . . . Il fuit....

Il retourne dans son repaire, tantôt d'un pas précipité, lançant ses farouches regards dans l'ombre qui l'épouvante; tantôt, respirant à peine, s'arrêtant pour prêter une oreille attentive au bruissement des feuilles qui l'a glacé d'effroi : il a caché au fond des eaux sa cruauté et son crime, sa crainte naît à peine quand elle devrait cesser.

Les jeunes gens, qui s'étaient promis de pénétrer le secret du presbytère, avaient été se cacher derrière un mur attenant à la cour du curé. Après quelques instans d'attente, ils virent sortir Mingrat (1). Enchantés de cette apparition, ils ne doutèrent plus que Marie ne dût bientôt sortir, ils se dirent tout bas : C'est lui; et, craignant que s'ils restaient tous cinq au même endroit, ils courraient risque de les perdre de vue, ils se séparèrent : chacun s'assigna un côté; mais nul d'entr'eux ne pensa à celui de la Roche; les mal-adroits, au lieu de le suivre, restèrent sur le même lieu jusqu'à deux heures du matin; ou, fatigués par l'o-

(1) C'était le moment où il était venu prendre le couteau à hacher.

rage, la pluie et le sommeil, ils quittèrent enfin leur poste à point nommé pour laisser l'entrée libre au scélérat...... Ne semblait-il pas que son affreux génie le guidait à l'impunité?

Renfermé chez lui, Mingrat se hâta de se dépouiller de cette robe pastorale, symbole de la charité et de toutes les vertus, devenue un poids énorme par le sang dont elle était couverte : ce poids pesait horriblement sur sa conscience bourrelée; en vain fut-elle arrachée, jetée aux flammes, qui la consumèrent; ce sang, qui criait vengeance, sembla s'attacher sur le front du coupable, et s'obstiner à ne point s'en effacer (1).

L'astucieux caffard fit aussi consumer les hardes de la malheureuse Marie, ainsi que tout ce qui pouvait servir à le déceler; il jeta dans les fosses d'aisance les cendres, qu'il recouvrit avec de la terre fraîche, nétoya soigneusement le couteau à hacher, et se r'habilla proprement (2). Toutes

---

(1) En effet, pendant les huit jours que le curé resta encore à Saint-Quentin, on lui vit une rougeur âcre couvrir son visage et surtout son front, ce qui le rendait hideux et presque noir. Il disait que le printems lui occasionnait des maux de tête, et que le *sang* lui faisait des ravages. (Il disait vrai.)

(2) Sa tante ayant emporté la clef de son armoire, il ne put se pourvoir de linge, et le lendemain une personne étant

ses précautions prises, il attendit le jour, s'efforçant de se composer un air innocent et tranquille. (Sa tâche était pénible.)

Charnalet, désespéré du mauvais succès de toutes les recherches, commençait à se livrer au plus morne désespoir; ses parens s'efforçaient de le consoler; mais ses vrais pressentimens repoussaient toute espérance; il était presque anéanti sous le poids du malheur qu'il ne fesait que prévoir. Décidé à se rendre à Veurey, seul lieu où Marie pouvait être trouvée, et dernière espérance de cet époux désolé, il voulut partir avant le jour, malgré l'orage, les mauvais chemins et l'instance de ses amis, pour qu'il attendît encore quelques heures; il se mit en route, préoccupé de ses tourmens, et arriva chez son cousin de Veurey, accablé de fatigue, brisé par les efforts qu'il avait faits pour traverser les torrens grossis par l'orage, et qui, à chaque pas, arrêtaient sa marche pressée sur une route bordée de précipices.

Son premier soin fut de s'écrier : « Avez-vous vu Marie? » Son parent étonné, ne répondant point à son attente, ne devina le malheur de Char-

---

venue lui parler concernant la messe de mort, déjà mentionnée, s'aperçut par quelques boutons de la soutane, qui s'étaient détachés, que Mingrat n'avait pas de chemise.

nalet, qu'en voyant éclater son affreux désespoir. A peine put-il articuler quelques mots entrecoupés de sanglots, se refusant à tous leurs soins et leurs consolations. Il repartit pour Saint-Quentin, guidé par l'instinct qui le ramenait vers le corps de Marie, et par son trop juste délire.

Quelques minutes avant le jour, Joseph Michon, laboureur habitant de Saint-Quentin, passa sous la Roche pour aller dans un champ voisin; il entrevit, à la lueur du crépuscule, une place à terre, couverte de sang fraîchement répandu, de la largeur de deux pieds en tous sens; à côté, une corde ensanglantée..... Cet homme, épouvanté, mais incertain, s'approcha; et, regardant plus fixement, il aperçoit plus loin une autre place semblable à la première, au pied d'un grand noyer. Il approche de même, et voit un couteau à manche noir, fiché en terre, pareillement teint de sang. Quoique saisi d'horreur, son premier mouvement fut de prendre le couteau. En l'examinant sa terreur devint plus forte, et se persuadant qu'un crime avait été commis au pied de ce noyer, cette réflexion effrayante lui fit jeter précipitamment le couteau dans un buisson, et s'en éloigner brusquement; mais soudain une idée plus raisonnable le fit revenir sur ses pas; il sentit qu'il était plus prudent de garder ce couteau, que des circonstances non prévues pourraient le rendre un têmoignage précieux. Alors, il le ramassa, le lava soigneusement, et retourna chez lui, pour l'enfermer, en attendant l'événement propice.

Le jour allait poindre, lorsque Mingrat, loin d'être rassuré, tremblait encore de n'avoir pas assez mis de prudence et de soins dans toutes les précautions qu'il prenait pour cacher ses horreurs; il courait d'une chambre à une autre, visitait chaque recoin; mais la précipitation qu'il mettait à exécuter sa pensée lui fesait manquer le vrai but. Passant en revue les vêtemens dont il venait de se couvrir, un mouvement de crainte lui fit visiter ses poches;.... il n'a pas son couteau! Cette découverte le fait frémir d'effroi : il vole sous la Roche où il l'avait laissé, le cherche, mais en vain : ô fureur! il ne l'y trouve plus.....

Ses yeux étincellans nenaçaient le ciel qu'il blasphémait; ses pieds frappaient le sol, ainsi qu'un lion rugissant, lui demandant de s'entr'ouvrir pour lui rendre son arme meurtrière; ses membres se roidissent, ses muscles se contractent, son désespoir est à son comble! Il ne peut dans sa fureur, assouvir sa ferocité que sur des objets qui ne présentent aucune vie qu'il puisse dévorer.

Déjà des témoins l'examinent, il ne voit plus que la retraite pour cacher les craintes qui le tourmentent, il se glisse jusqu'au presbytère, où il peut sans témoin exhaler ses fureurs frénétiques. Les personnes qui l'avait aperçu étaient M. F.... et son gendre, bouchers de profession; ils passaient par ces lieux, et, voyant le curé l'air très-préoccupé, même hagard, ils furent intrigués de savoir quel était le sujet qui causait cette agitation extraordinaire; alors, approchant de la place qu'avait quittée le fourbe, ils furent dans la stupeur en apercevant ces places ensanglantées, ne pouvant pénétrer pourquoi Mingrat avait paru courir d'une place à l'autre comme un vrai insensé en les examinant avec tant d'attention, et mêlant des signes de désespoir à chacun de ses mouvemens. Toutes leurs réflexions là-dessus devinrent inutiles, mais celles qu'ils purent faire avec justesse, furent que sans doute une malheureuse victime avait succombé sur ce lieu... Après avoir commenté cette vérité, ils jugèrent à propos de continuer leur route, se promettant de ne parler à personne de ce qu'ils avaient vu, laissant aux événemens le soin de tout éclaircir (1).

Le curé, de retour chez lui, ne trouva ni sûreté ni repos; la présence de sa domestique, qui arrivait en ce moment, lui parut importune et funeste. Cette fille encore agitée des scènes de la veille,

(1) On n'a su ce que je rapporte qu'après la procédure; ces Messieurs n'ont point déposé.

n'était revenue qu'en tremblant dans le lieu mystérieux ; ses craintes augmentaient à chaque instant, elles redoublèrent lorsque son maître, approchant d'elle avec des yeux enflammés de courroux, la figure décomposée et sinistre, lui demanda comme la veille : « Qu'avez-vous vu?... » répondez?... » La malheureuse, dont le caractère était aussi faible que son esprit était borné, fit tous ses efforts pour lui prouver qu'elle n'avait rien vu ; que seulement elle avait entendu des gémissemens qu'elle avait crus être les siens. Il lui ordonna le plus rigoureux silence, et la quitta sans être convaincu.

Marie, en fesant le ménage, trouva le chapelet de la malheureuse Charnalet à moitié brûlé. Elle le reconnut parfaitement. Un instinct secret la porta machinalement à le cacher dans un trou du mur sous le hangard. Suivons-la encore dans ses aveux.

« En entrant dans la cuisine, je m'aperçus que » l'on avait dérangé le feu, que j'avais recouvert, » même je vis qu'on avait fait grand feu, il n'y » avait pas long-tems. J'entrai dans la basse- » cour, près des communs. J'aperçus des gouttes » de sang sur un peu de paille fraîchement écar- » tée, et un petit lambeau de chair sur une » feuille de noyer sèche. En regardant dans le » trou du commun, je vis que les immondices

» étaient recouvertes de terre fraîche ; en l'écar-
» tant un peu, j'aperçus des cendres et quelques
» morceaux de linge brûlés à demi, entr'autres
» un morceau de drap noir, aussi à demi brûlé.
» Je compris alors que le sang que j'avais vu sur
» la paille, provenait de ce qu'on y avait entre-
» posé des habits ensanglantés. »

Frappée de toutes ces circonstances, la terreur s'empara d'elle, avec la résolution de fuir son maître à l'instant. Dans cette intention, elle courut chercher Mingrat.

Le jour ayant appelé chacun à ses travaux, beaucoup de personnes avaient passé sous la Roche, où elles avaient vu les places couvertes de sang. Quelques-uns, se rassemblant, suivirent les traces de ce sang, qui les conduisirent à un grand ruisseau (1), où elles s'arrêtaient. D'autres suivirent de nouvelles traces de sang, qui, partant du noyer, condisirent jusque sur les bords de l'Isère, où elles se perdirent, ainsi que des traces d'un pied nu avec des bas seulement. En cherchant obstinément, ces personnes découvrirent le mouchoir de Marie. Alors des cris de douleur rétentirent de tout côté. Les parens et les amis de l'infortunée Charnalet tombèrent dans le piége que Mingrat avait tendus.

(1) C'était celui où Mingrat avait jeté les jambes.

Quelques-uns plus subtils opposaient la quantité considérable de sang répandu à une assez grande distance de la rivière, et concluaient sagement que, si la victime se fût frappée, il était impossible qu'elle eût conservé assez de force pour arriver jusqu'à l'Isère, et se précipiter dans ses flots.

Néanmoins les cris occasionés par le mouchoir, répandirent l'allarme dans Saint-Quentin. La bonne cousine de Charnalet, suivie de quelques voisines, furent trouver Mingrat, qui lisait son bréviaire derrière son presbytère, en se promenant gravement ; elles lui dirent toutes en larmes, après avoir raconté tout ce qu'elles venaient de voir : « Ah ! Monsieur le curé, si vous » l'aviez confessée, comme elle le désirait, peut-» être l'eussiez-vous détournée de son fatal pro-» jet. » Mingrat, que l'ombre d'une accusation avait épouvanté, loin de jouir de leur erreur, se hâta de se justifier ainsi :

« Je la vis en effet hier dans l'église, qui priait » très-dévotement. Elle vint à moi me témoi-» gnant le désir d'être confessée ; mais, la voyant » mise peu décemment, la voyant d'ailleurs l'air » hagard, je la renvoyai à un autre jour ; je » suis bien aise, au contraire, d'avoir refusé de » l'entendre ; car, si je l'eusse confessée, et » qu'elle eût péri tout de même, l'on m'aurait

» donné tort, et l'on aurait dit que j'étais cause
» de sa mort, ayant exalté son imagination.....
» Pourtant voyons, descendons sous la Roche.»

Ils descendirent en effet, trouvèrent beaucoup de monde que l'intérêt de Marie attirait en ces lieux. Plusieurs groupes se formaient ; chacun d'eux entourait un objet sanglant, et l'horreur qu'ils inspiraient, rendait ces groupes sombres et silencieux....

Plusieurs, les yeux fixés sur l'indigne curé, semblaient consulter sa pensée. Ils ne l'accusaient point tout haut, mais en silence ils désignaient le coupable.

Les yeux de Mingrat, ordinairement farouches, ont redoublé l'expression de la dureté, en fixant ses regards sur le sol, qui le trahit encore. Il laisse s'imprimer sur son front obscurci le trouble qui va le condamner. Des yeux justes et pénétrans ne laissent point échapper des mouvemens qu'il ne peut concentrer qu'avec peine. On se promet tout bas de pénétrer bientôt le secret mal gardé de l'infâme pasteur.

N'y pouvant plus tenir, il remonte chez lui, et rencontre à quelques pas la servante, qui, après l'avoir cherché long-tems, venait le joindre sous la Roche, où on lui avait dit qu'il était descendu. Son maître, en l'apercevant, lui cria presque en colère : « Montez, votre ouvrage n'est

« point ici. » Déjà trop épouvantée, à peine toucha-t-elle sur le seuil de la porte du presbytère, qu'elle s'écria avec effroi : « Oh ! Monsieur, « je n'y saurais tenir, laissez moi m'en aller. » Le curé, frappé par ces paroles, et convaincu que cette fille connaissait son crime, par un mouvement désespéré, il la prit d'un bras vigoureux, et, l'élevant de terre, l'entraîna au fond du sanctuaire. Parvenu au pied de l'autel, il y renverse la malheureuse, qui croit toucher à son dernier moment. Elle s'y agenouille pendant que le monstre retire le symbole de la majesté de Dieu, et force cette mourante fille (en lui tenant avec force le bras tendu sur l'autel) de jurer devant cette image sacrée, qu'elle gardera le plus profond silence sur tout ce qu'elle a vu. La tremblante domestique se crut commandée par Dieu même à prêter un serment, qu'elle ne put prononcer que d'une voix éteinte, mais que son cœur promettait de tenir par devoir envers le Tout-puissant. Le fourbe, rassuré par son ascendant sur l'esprit faible et soumis de la servante, la laissa libre d'agir, de rester ou de fuir ; mais, par une suite de l'impression que lui laissa son serment, la pauvre fille se crut encore obligée de servir son maître, et resta au presbytère.

La malheureuse Charnalet, chérie de tous les

habitans de Saint-Quention, ainsi que de tous les villages voisins, reçut une preuve convaincante de leurs regrets par la consternation qui se répandit partout où elle était connue.

L'autel de la Vierge fut chargé de cierges, pieux hommage des amies de l'infortunée que l'on cherchait. Là, ces femmes prosternées imploraient le ciel pour les éclaircir sur son sort. Leurs larmes ne coulèrent point en vain; mais que cette lumière parut funeste!

Le déplorable Charnalet, de retour de Veurey, rentra chez lui, insensible à tout ce qui se passait dans sa demeure, écoutant avec la même indifférence l'ami qui le consolait, et l'indiscret qui, par ses récits, venait aigrir sa douleur, ne sortant de ce calme apparent que pour se livrer au désespoir le plus terrible.

A peine ce malheureux époux eut-il quitté Veurey, que M. Bossan, adjoint du Maire de Saint-Quentin (1), y arriva pour affaire. Il devait retourner de suite à Grenoble; mais, apprenant par l'aubergiste, cousin de Charnalet, que son parent désolé était venu chez lui chercher sa femme, disparue depuis la veille cinq heures du

(1) Messieurs Bossan et Davin étaient tous deux à Grenoble depuis plusieurs jours pour affaire concernant leur commune.

soir, et qu'on avait fait vainement plusieurs démarches dans la nuit pour la retrouver; ce digne magistrat, ne songeant qu'à ces infortunés, partit à l'instant pour Saint-Quentin, afin d'éclaircir cet étrange mystère.

Dès son arrivée, son premier soin fut de faire appeler les personnes qui avaient découvert quelque circonstance. On ne lui laissa pas ignorer long-tems le spectacle effrayant trouvé sous la Roche, ainsi que le mouchoir et le couteau.

Après que Joseph Michon eût remis le couteau et fait sa déposition, on fit appeler Charnalet. L'adjoint observa la plus grande délicatesse en lui faisant maintes questions; entr'autres, il lui demanda s'il savait ce qu'était devenu le couteau de sa femme. Il répondit qu'il l'avait trouvé le soir sur la table à manger à côté de sa soupe. L'adjoint répliqua: Et le vôtre? Je l'ai dans ma poche, dit Charnalet. Alors lui montrant le couteau trouvé, l'adjoint le pria de lui dire s'il le connaissait. Étienne, après l'avoir examiné (non sans frémir), assura ne l'avoir jamais vu.

L'adjoint le remercia, et s'efforça d'adoucir sa douleur par des mots affectueux, et une aménité sincère; mais Charnalet secoua la tête, et sortit en silence.....

Le prudent adjoint, assuré que le couteau n'appartenait point à Charnalet ni à son épouse, ayant su que Mingrat avait goûté chez Marie le jour précédent, vit que ce couteau ne devait appartenir qu'au curé. Sa première idée fut que Mingrat, l'ayant laissé chez elle, Marie pouvait s'en être servie pour se suicider. Alors il résolut d'éclaircir ses doutes, et, se rappelant que, depuis l'arrivée de Mingrat dans la commune, il en avait reçu plusieurs visites sans les lui rendre, sous prétexte d'excuser son impolitesse, il fut de suite au presbytère.

Le fourbe feignit d'être enchanté de la présence de l'adjoint; il lui offrit à déjeûner, ce que M. Bossan accepta pour mieux l'étudier.

M. Bossan attendit en vain que la conversation tombât sur le sujet qui l'occupait si fort; il se vit obligé de prendre l'initiative; et, sur la demande que lui fit Mingrat sur sa santé, M. Bossan répondit qu'il était sur pied depuis onze jours, ce qui le fatiguait beaucoup, et qu'il aurait été obligé de repartir le même jour malgré sa fatigue, sans l'affreux événement arrivé la surveille.

Mingrat, intéressé à changer la conversation, répondit qu'il était aussi très-fatigué, qu'à l'approche du printems le sang lui faisait des ravages en se portant à la tête, ce qui lui causait de violens maux de têtes et des lassitudes dans les jambes. « En effet (dit l'adjoint), sa figure était « tellement chargée en couleur, qu'elle était

» noire à force d'être rouge, ce qui rendait sa » physionomie hideuse. » Essayant de renouveler la conversation sur le point essentiel, M. Bossan reprit : « Monsieur, vous devez avoir quelque » notion sur la situation mentale de cette femme, » puisque le jour de la disparution on ma dit » que vous aviez goûté chez elle. »

Alors Mingrat, forcé par la question, fut obligé de raconter ce qui s'était passé dans sa promenade au Git, son entrevue avec Marie, ainsi qu'avec quelques autres femmes, qu'il cita avec intention, et tout ce que j'ai rapporté plus haut ; il s'efforça de changer l'entretien, mais l'adjoint l'y ramena malgré lui par ces mots : « Monsieur, » d'après ce que vous me dites, il paraît que » cette femme avait perdu la tête, il n'est donc » pas étonnant qu'elle ait tenté de se détruire ; » mais ce que je trouve étonnant, c'est la qualité » du couteau dont elle s'est servie, qu'on a » trouvé sur une place sanglante, au pied du » noyer. » Alors, l'observant finement, M. Bossan lui fit en ces termes la description du couteau :

« Il est à manche d'ébène, rond et platiné en » argent, ayant à un de ses bouts, outre la lame » ordinaire, une lame de canif et un tire-bou- » chon sur le dos ; il est presque neuf, quoique

» pourtant tout récemment cassé à la pointe de
» la grande lame. »

Pendant cette description, l'adjoint ne cessa pas de fixer ses yeux pénétrans sur l'astutieux Mingrat, qui tenait les siens constamment baissés sur la table, en gardant un morne silence et une figure impassible; au lieu de répondre sur le même sujet, il en entama un nouveau. L'adjoint vit bien que le traître était instruit que le couteau était en sa puissance, ce qu'il prouva par la démarche qu'il fit dans l'espoir de s'en assurer, et d'essayer de s'en ressaisir. Il demanda à M. Bossan un livre élémentaire de géométrie, pour avoir un prétexte d'aller chez lui; car le fourbe avait ce livre au presbytère.

L'adjoint le lui promit, et prit congé de lui. La tante de Mingrat, dont nous avons parlé, arriva de son voyage de Voiron au moment où M. Bossan faisait sa visite à son neveu. Des bruits sourds avaient frappé son oreille; on lui avait parlé du fatal couteau. Elle se rendit à la hâte chez l'adjoint en profitant de son absence pour tâcher d'examiner cette arme. Après les complimens d'usage qu'elle fit à la famille Bossan, elle s'efforça d'amener les questions sur la malheureuse Marie, et demanda à voir l'instrument de sa mort. Madame Bossan, très-complaisante, la satisfait à l'instant. La tante, à la vue de ce fer meurtrier, pâlit et trembla, paraissant avoir reçu une secousse douloureuse. Sa langue enchaînée ne put proférer un seul mot; ses yeux, fixés sur l'horrible couteau, semblaient ne pouvoir s'en détourner; mais tout à coup elle s'écria : « Le » voilà donc l'instrument de ce grand crime! »... Ne pouvant se remettre de son trouble, elle prit congé de cette famille étonnée, et retourna chez son neveu.

De retour chez lui, M. Bossan, ayant appris la singulière visite de la tante de Mingrat, son exclamation en regardant le couteau, tout cela fut pour lui une conviction de la culpabilité du curé, mais ce qui le confirma davantage, ce fut de le voir arriver presqu'au même instant.

Mingrat en entrant réitéra la demande du livre élémentaire qui fut le sujet de la conservation; mais ses regards erraient sur les objets d'alentour. Ses mots entrecoupés prouvaient bien à M. Bossan que le traître n'était occupé que de l'objet de ses recherches. Mingrat se retira chez lui sans avoir recueilli le fruit de sa démarche; le reste de ce jour, ainsi que de quelques autres, se passèrent d'une part en conjecture, en recherches, auditions de témoins; mais les preuves n'étaient pas assez évidentes pour s'assurer de la personne de Mingrat. De son côté, ce pasteur homicide, trop préoccupé pour se livrer au devoir de son état, s'abstint, sous prétexte de maladie, de chanter le service de mort qu'il avait annoncé le dimanche avant; il n'en imposa pas à ses paroissiens, qui se disaient entr'eux : « Un homme n'est point malade quand on l'a vu se promener devant et derrière sa maison, avant le jour et pendant le jour même, sous la Roche, vers l'Isère, et chez l'adjoint. »

Il est pourtant vrai qu'à peine trouvait-il la force de remplir ses augustes fonctions, toutes abrégées qu'elles étaient : la grand'messe, les processions pour les rogations, tout se ressentit du désordre de son ame.

Le dimanche venant, les vêpres furent chantées après les offices ordinaires du matin; les psaumes furent interdits; il prêcha, mais on défie l'esprit le plus subtil, le plus profond, de pouvoir rapporter le sens de cet amas de paroles, inspirées par une imagination en délire.

Les événemens ouvrirent enfin une carrière à la vérité. Le 16 mai, jour de l'Ascension à sept heures du matin, de jeunes pêcheurs, s'amusant sur les bords d'un ruisseau, furent épouvantés, en tirant au bout de leurs lignes une cuisse humaine. Ils précipitèrent dans les eaux cet objet effayant, et s'enfuirent vers le bourg, où ils portèrent l'épouvante par le récit de ce qui venait de causer leur effroi. On se hâta de prévenir l'adjoint, qui, accompagné de deux médecins et du juge de paix, se portèrent aussitôt sur le lieu pour vérifier le fait.

Les habitans du Git, ceux de Saint-Quentin et des villages environnans furent bientôt instruits de cette horrible, mais importante découverte; chacun abandonna ses travaux ou ses plaisirs, pour se porter vers le lieu qu'avaient désigné les pêcheurs. Lorsque les magistrats et les médecins arrivèrent, une affluence considérable de peuple garnissait les bords du ruisseau; le nom de Marie retentissait de toutes parts; on ignorait encore si véritablement cet objet affreux avait pu lui appartenir; mais chacun s'intéressait fort à découvrir le genre de mort qu'elle avait souffert, et l'opinion générale était que la malheureuse épouse de Charnalet avait péri sous les coups d'un assassin. On lui connaissait trop de religion pour avoir à la soupçonner long-tems de s'être suicidée. Les jeunes pêcheurs indiquent l'endroit où ils ont rejeté la cuisse. On fait des recherches, mais hélas! on ne l'y trouve plus : dans leur effroi, ils l'ont lancée avec tant de force qu'il est présumable que le courant du ruisseau l'aura entraînée jusqu'à l'Isère; on se consulte sur les moyens à employer pour la retrouver. Chacun veut aider dans cette recherche. Aussitôt un grand nombre de personnes se précipite dans ce ruisseau peu profond, et à force de soins on parvint à la découvrir du côté opposé où d'abord on l'avait trouvée. Un cri d'horreur se fait entendre; on se presse autour de l'adjoint et des médecins auxquels le membre mutilé est apporté : des preuves convainquantes indiquent que c'est une cuisse de femme; alors tout semble s'éclaircir : c'est celle de Marie, répète-t-on de toute part; on n'a point entendu parler d'aucun autre crime dans ces parages; elle est disparue depuis huit jours : le sang répandu sous la Roche, son mouchoir trouvé sur les bords du fleuve le lendemain de sa disparition, tout confirme cette pensée.... mais quel est son assassin!... Voilà ce que personne ne peut dire..... L'agitation est générale, un murmure de voix se fait entendre; il ne répétait qu'un mot, et ce mot était *Mingrat!....*

M. Bossan ne fut pas étonné que tous les soupçons se portassent sur le curé; on sait déjà que lui-même avait partagé cette opinion : (1) « Les » médecins dans leur examen reconnurent que » cette cuisse avait été séparée du corps par un » instrument tranchant, et que le monstre, trou- » vant de la peine à déboîter les deux os, avait » essayé de couper l'os de la cuisse avec un ins-

(1) Mémoire de M. Bossan : voir les pièces justificatives.

» trument aussi tranchant ; mais, ne pouvant en » venir à bout, il avait séparé les deux os à leurs » jointures avec la pointe d'un couteau, ou de » tout autre instrument à pointe, ce qui explique » pourquoi la pointe du couteau est cassée. » Il fut constant, d'après cet examen, que Marie avait été cruellement massacrée.

L'examen fait, quand il fut reconnu que Marie était victime d'un assassinat, on s'empressa d'aller déposer dans le cimetière ce déplorable fragment.

En route, l'adjoint, ainsi que le juge de paix, interrogaient toutes les personnes qu'ils rencontraient pour éclaircir encore leur rapport ; la foule, empressée à les suivre, répondait à leur vœu, et déjà des lumières trop fatales au curé perçaient à travers le fragile voile dont il croyait son crime sûrement enveloppé. Pourtant du fond du présbytère, il ne cessait de suivre tout ce qui se passait au-dehors ; soit par sa tante ou par sa domestique, il sut les différentes questions qu'on adressait aux habitans. Il crut écarter le soupçon en faisant dire à M. Bossan « qu'il était prêt à donner ses réponses, si on voulait l'interroger. » Cette proposition déplacée parut telle qu'elle était aux yeux pénétrans des magistrats ; ils se promirent tout bas de le soumettre à de plus sûres épreuves.

On déposa la cuisse dans le cimetière, ordonnant qu'elle fût ensevelie avec soin ; mais les autorités furent à peine retirées, que Mingrat crut devoir faire un dernier acte de méchanceté. Après avoir demandé quelques jours avant s'il fallait sonner pour une personne noyée, si cela était d'usage à Saint-Quentin, dans ce moment-là il trouva à propos de faire un coup d'autorité opposé à sa demande ; il courut au cimetière, ordonnant que « cette cuisse fût jetée dans un » coin loin des ames justes qui reposaient dans » ces lieux : Marie ne méritant aucune sépulture, » puisqu'elle s'était noyée, et avait perdu par-là » son salut. » Il ajouta, en affectant une exaltation fanatique : « Je l'ai vue possédée par le diable, » oui, par Satan qui la tenait dans ses bras, pour » l'entraîner dans l'abîme. »

Les assistans indignés, se retirèrent brusquement; leurs cœurs repoussèrent cette insinuation calomnieuse et contradictoire à la vie passée de la vertueuse Marie ; ils n'en furent que plus irrités contre lui.

Le lendemain de cette scène révoltante, à dix heures du matin, Mingrat vit entrer chez lui deux gendarmes.... La foudre eût tombé à ses pieds qu'il en eût été moins saisi ; sa figure hideuse, que l'épouvante venait encore d'enlaidir, n'était plus supportable ; aussi les gendarmes furent-ils obligés de feindre la plus grande politesse, pour rassurer le coupable.

La tante leur observa que cette visite avait lieu de les étonner. Ils répondirent, avec bienveillance, qu'ils avaient l'habitude dans leurs voyages de visiter les personnes les plus notables des lieux. Ces paroles remirent à demi le fourbe démasqué, qui tenait son mouchoir sur sa bouche, et le déchirait sourdement.

La tante servit ses hôtes redoutables, à qui elle avait offert des rafraîchissemens. Dans ce moment, le vicaire de Tullin vint apporter une lettre paraissant très-pressée; il en recommanda la lecture à Mingrat, et repartit à l'instant. Les gendarmes prirent congé à leur tour, et montèrent à cheval, au grand contentement de la tante et du neveu.

Dès que Mingrat vit les gendarmes loin du presbytère, il s'empressa de prendre connaissance de la lettre du curé de Tullin; cet homme, instruit de l'assassinat de Marie et des soupçons qui planaient sur la tête de son collègue, se crut obligé de l'en avertir. Sa lettre portait en substance ces mots précis : « Les bruits qui circulent sur vous, » à l'occasion de la disparition et de l'assassinat » de cette femme, vous font un tort infini; par- » tez à l'instant si vous êtes coupable, etc. »

Mingrat se hâta de suivre cet avis, donna ses

derniers ordres à sa tante et à sa domestique, entassa sur lui hardes sur hardes, ce qui le fit paraître très-gros, mais ôta toute idée de sa fuite à ceux qui le rencontrèrent. Son bréviaire à la main, il dit adieu à ce bourg désolé qu'il laisse dans les larmes, tel que l'incendiaire qui fuit les lieux que sa main vient de rendre la proie des flammes.

Mingrat, guettant autour de lui les êtres animés qui semblent le reconnaître, ralentit quelquefois son pas, et, malgré sa vive agitation, il jette dévotement un coup d'œil hypocrite sur son livre bénévole, tandis que l'autre suit l'objet qui vient de l'arrêter. Cet objet a-t-il disparu, est-il hors de son atteinte, il prend l'élan, il court jusqu'à perdre haleine; son corps tremble, ses jambes faiblissent sous les efforts qu'il fait pour échapper au châtiment qu'il a trop mérité.

Mais une barque est devant lui (1), elle croise son chemin, il faut qu'il s'y confie; reprenant son masque imposteur, il redevient curé..... Ciel! quel est son effroi, lorsque dans cette barque, la présence inattendue du maire de Saint-Quentin vient rejeter dans son cœur toutes ses craintes suspendues!... Il recule, et l'examine; le maire,

---

(1) La barque de Voreppe sur une petite rivière, à une lieue de Saint-Quentin.

étonné, le regarde à son tour; ce langage muet semble dire alternativement : « Dois-je le fuir ou l'approcher. » Enfin, ils dissimulent, et se demandent poliment le but de leur voyage : Mingrat dit qu'il va à Saint-Aupe voir ses amis. M. Davin suppose à son tour qu'il va à Voirons pour affaire; on se quitte indifféremment, et chacun prend une route différente. Mingrat se précipite à pas de géant par des routes détournées vers le lieux qui vont le dérober à la justice humaine, n'effleurant qu'à peine cette terre lasse de le porter. Il reprend son premier manége.

Monsieur le maire de Saint-Quentin avait pour but, dans son voyage, d'aller prendre à Saint-Aupe des renseignemens sur Mingrat; les notes qu'il recueillit lui firent craindre qu'il ne fût trop tard pour atteindre le coupable; car il ne douta plus que le monstre dont on s'accordait à dire tant d'horreurs ne fût l'assassin de Marie. Il se hâta de revenir pour le faire saisir, mais vainement; le coupable avait fui, et Saint-Quentin ne devait plus le voir.

Monsieur Davin mit plusieurs gendarmes à sa poursuite, leur faisant tenir divers chemins, et pendant leurs recherches, il se porta avec la justice à la demeure de Mingrat; on fouilla scrupuleusement le presbytère, l'église, le hangar et les greniers pour trouver quelque indice du crime.

Leurs recherches parurent d'abord vaines ; la tante avait disparu , la servante était muette, ou ne répondait que par monosyllabes ; en vain avait-on cherché quelques armes tranchantes, la fille avait dit qu'il n'y en avait jamais eu. Le hasard fit porter les yeux à l'un d'entr'eux sur le grand couteau à hacher propre et brillant ; il l'examine..... une voix secrète lui dit : « C'est un fer meurtrier. » Son attention attira celle de tous les assistans, qui avouèrent à leur tour avoir eu cette même pensée. Pendant l'examen, la fille avoua ingénument « qu'elle ne l'avait jamais » vu si propre, et qu'elle s'était contentée de » l'essuyer légèrement la dernière fois qu'elle » s'en était servie. » Pourtant, malgré sa propreté, on aperçut à la jointure des deux manches quelques taches de sang. « (Déposition.) On examina » aussi que la lame était fendue au milieu, que » par l'effet de cette fente une partie obliquait à » droite et l'autre à gauche, en sorte qu'en frappant de ce couteau un objet quelconque, il » laissait l'empreinte et la figure d'une S. » On s'empara de ce couteau, se réservant d'en faire un examen suivi plus tard sur les parties dépecées.

Monsieur le juge de paix demanda à la fille si son maître avait un couteau de poche ; elle répondit que *oui*, mais qu'il ne l'emportait jamais sur lui. On la pria de le montrer ; elle assura ne pas savoir ce qu'en avait fait son maître. « Faites-nous en la description, reprit monsieur le juge de paix.» Elle obéit, et la fit avec tant d'exactitude, qu'on ne put s'y méprendre : on aurait dit qu'elle avait le couteau sous les yeux. Les magistrats, satisfaits, se retirèrent en attendant d'autres événemens.

Les gendarmes, qui étaient à la poursuite de Mingrat, suivirent de bien près ses traces; partout il les avait devancés de très-peu; mais, arrivés sur les frontières, il virent que leurs peines étaient perdues, et furent forcés, malgré eux, de remettre en d'autres mains les ordres dont ils étaient porteurs; ils s'en rapportèrent à regret à l'autorité sarde.

Les carabiniers piémontais chargés de ces nouveaux ordres, se mirent à la poursuite du fugitif. En leur chemin, ils rencontrèrent un prêtre français, qu'ils crurent l'objet de leurs recherches, ils s'en saisirent à l'instant; celui-ci protesta de innocence, et déclara (pour avoir plutôt sa liberté) avoir vu Mingrat aux Échelles, où il attendait sa mère, qui devait lui apporter de l'argent sur le lieu assigné par lui; les soldats s'y portèrent de suite. Parvenus à la grotte des Échelles (connue par les voyageurs), ils étaient à délibérer de quel côté devraient se diriger leurs recherches, quand une voix frappe leurs oreilles, et paraît sortir du fond de la grotte ; ils y pénètrent, et trouvent Mingrat lisant tout haut son bréviaire. On l'arrête , on l'amène, on lui montre les ordres supérieurs qui lui annoncent la perte de sa liberté.

Mingrat, ayant poussé sa course avec vigueur, avait pu voir quelques amis dans sa route, soit à Voirons ou aux environs; arrivé aux Échelles, il avait passé la nuit chez Tabaret, cabaretier. C'est là qu'il avait sans doute vu l'autre prêtre, et s'était rendu dans la grotte, en attendant sa mère, à qui il avait communiqué ses projets.

Au moment où il entonnait peut-être l'hymne de délivrance, quelle dût être son épouvante en voyant des gardes le saisir et le garotter?.... En effet, son trouble était extrême; il répétait, sans interruption : « Je suis innocent..... que me vou-» lez-vous..... vous ne pouvez saisir un homme de » ma robe...., etc. »

On l'entraîna, en l'assurant qu'il était sous la protection du gouvernement sarde (1).

---

(1) L'un des grands vicaires de Grenoble, monsieur B***, se rendit à Chambéry , pour voir le coupable ; on ignore le motif de ce voyage; mais on sait positivement, qu'arrivant dans la prison , Mingrat se précipitant à ses pieds , s'écria : « Oh! mon père, je suis coupable! pardonnez-moi. » Cet aveu , presque public, parut contrarier M. B***, qui fit

Le maire de Saint-Quentin reçut avec indignation la nouvelle que le coupable était échappé à ses poursuites. Tout le monde partagea les regrets de cet ami de la justice, à qui l'on doit, ainsi qu'à M. Bossan, une vraie reconnaissance des soins qu'ils se sont donnés pour venger la vertu.

Je reporte les yeux de mon lecteur sur le tronc mutilé de Marie, trouvé le vingt mai dans les parages de Fory, à cinq lieues de Saint-Quentin, trois jours après la fuite de son cruel bourreau.

L'examen des médecins recommença de nouveau. Le couteau de poche, celui à hacher, ayant été appliqués sur les nombreuses blessures, il ne resta plus aucun doute sur cette macération; tout, jusqu'à la brêche du couteau à hacher, fut en rapport avec les chairs meurtries ou dépecées. C'est dans cet examen, de la dernière importance, qu'on a trouvé sur le cou de la victime

---

retirer toutes les personnes présentes, et s'entretint seul avec lui.

Retournant ensuite à Grenoble, en entrant dans la ville, le grand vicaire fut sur le point d'être lapidé dans sa voiture. Le peuple qui s'était porté sur son passage, croyant que sa mission avait été de ramener Mingrat, voulait venger Marie avant que les lois eussent prononcé; mais, reconnaissant son erreur, il s'apaisa, en se reposant sur les promesses du grand vicaire, qui leur fit espérer que Mingrat serait bientôt puni.

des marques de strangulation, ainsi que d'autres signes remarquables dans ce genre de mort sur la figure de Marie ; enfin, on a pu suivre de l'œil sur ce déplorable corps les traces sanglantes de la plus atroce cruauté dont les siècles de barbarie n'ont point offert d'exemple.

Aussitôt cette inspection terminée, il fut question de rendre à la terre les restes de cette infortunée, qui l'avait édifiée par ses vertus.

Un cercueil renferma le corps incomplet de la vertueuse Marie (1). Son convoi ne fut point magnifique ; un drap d'or ne recouvrit point sa dernière enveloppe. On ne vit point à sa suite des héritiers avides, revêtus de la robe de deuil, et qui dérobent sous leur mouchoir (qu'il semblent porter à leurs yeux pour essuyer une larme) le sourire que le souvenir d'un legs considérable leur arrache. Tout fut simple, mais tout fut digne d'elle. Une douleur véritable se lisait sur leur visage ; l'éloignement du village de Fory n'empêcha pas un grand nombre d'habitans de Saint-Quentin de se trouver à cette scène déchirante. Les larmes coulaient de tous les yeux, et, dans le chemin qu'il fallait parcourir pour arriver au cimetière, le cortége pieux s'augmentait

(1) Les autres parties étaient, moitié à l'Isère, moitié au cimetière de Saint-Quentin.

à chaque instant. Marie avait secouru les malheureux dans la misère, et les malheureux ne l'avaient pas oubliée. Aussi quelle oraison funèbre fut jamais plus belle que le concert de louanges des êtres reconnaissans dont elle avait adouci les maux ? Spectacle touchant ! Quelle ame sensible pourrait te voir sans répandre des pleurs. Quand le sacrifice fut accompli, chacun se retira en silence ; et, si quelques groupes se formaient après, ce fut pour s'entretenir encore des qualités estimables de l'intéressante Marie....

Que faisait Charnalet pendant que l'on conduisait les restes de sa tendre épouse à sa dernière demeure ? Refusant tous les secours de l'amitié, il était livré à la plus sombre douleur. Des larmes amères coulaient à l'aspect de ce lieu, jadis témoin de sa félicité, embelli par la présence de celle qu'un destin affreux lui ravissait, et qui maintenant n'était plus qu'un lieu d'horreur. Ah ! disait-il dans l'effusion de son délire : « N'ai-je donc senti le bonheur de la posséder que pour la perdre aussitôt. Que m'importe la vie, puisque je ne pourrais la passer auprès d'elle. Les chagrins désormais seront mon seul partage...... Je ne la verrai plus, cette femme adorée !...... » Et cette affreuse pensée le fesait retomber dans son délire effrayant. Ses amis cherchaient par leurs soins assidus, mais sans fruits, à rappeler à la raison le malheureux époux, trop heureux lorsqu'une douleur stupide laisse pendant un jour le repos à ses sens.

Les magistrats, de retour de Fory, sentirent la nécessité de se rendre maîtres de la servante de Mingrat, dont les dépositions pouvaient jeter un grand jour sur les événemens du presbytère.

On l'arrêta pour la forcer à déposer ce qu'elle savait; mais, au grand étonnement des juges, elle s'obstinait à dire : « Interrogez-moi, je répon- » drai. » Cela ne suffisait point à la procédure. On mit divers moyens en usage pour l'obliger à ne rien celer. Enfin, l'amour de la liberté, la crainte de paraître coupable, lui firent avouer que, d'après son serment, elle s'était crue obligée à tout taire, son confesseur le lui avait même recommandé en premier lieu; mais il l'avait dégagée de son serment à cause de la circonstance. Alors elle déclara tout ce qu'on a lu, et elle fut mise en liberté; elle s'est retirée auprès de ses parens aux environs de Moiran, près de Grenoble.

Mingrat, conduit à Chambéry, fut mis dans les prisons de cette ville. Grâce à son habit, il y jouit d'une liberté non commune, et en profita pour commettre à demi un nouveau crime. La nièce du concierge de la prison qu'il avait remarquée, se trouvait un soir dans un passage obscur, où le scélérat était en sentinelle; il tenta de lui faire violence. Cette jeune fille jeta des cris affreux. Mingrat, craignant d'être découvert, l'avait déjà saisie à la gorge pour l'étrangler, quand plusieurs personnes, attirées par ses cris, l'arrachèrent à ses mains forcenées. On le renferma plus étroitement alors ; et, leurs plaintes étant portées à l'autorité, on obtint la translation de Mingrat à Fenestrelle, forteresse de la Savoie, à dix lieues de Briançon.

Mingrat, ignorant le but de ce voyage, se mit à pleurer, croyant qu'on le conduisait en France ; mais bientôt la joie la plus vive succéda à la douleur, en apprenant qu'il allait dans une forteresse (1).

Nous observerons une circonstance qui ne fit qu'augmenter la haine et l'indignation que méritait si bien l'infâme curé. A peine fut-il échappé de Saint-Quentin, que presque toutes les jeunes filles du bourg dirent avoir reçu de lui des déclarations amoureuses, et que même il avait fait à plusieurs des propositions, qu'elles repoussè-

(1) Avant de partir pour Fenestrelle, une personne allant le voir, voulut interroger le vampire sur le sujet de sa captivité. « Hélas! répondit le tartuffe, l'injustice des hommes. » —« Il faut espérer que des amis prendront soin de vous justifier. » — « J'attends tout du ciel et de mon innocence. » On observa que, pendant ce dialogue, il tint les yeux constamment baissés vers la terre.

rent avec indignation. Aussi l'hypocrite, pour se mettre à couvert de l'indiscrétion des jeunes personnes, prêcha-t-il plusieurs fois sur la calomnie. Il savait si bien se couvrir du masque de la vertu, qu'à Chambéry toutes les dévotes qui voulurent le voir par humanité, ne doutèrent pas que ce modeste personnage n'eût été victime de fausses accusations. Elles le regardèrent comme un martyr de la méchanceté des hommes; aussi, pour lui rendre le séjour de la prison plus doux, elles lui envoyèrent mille friandises; il recevait chaque jour des marques de l'intérêt le plus humain. Telle fut pendant quelque tems l'erreur de ces bonnes femmes, quand sa nouvelle tentative sur la nièce du concierge vint les éclairer à tems. Alors Mingrat, renfermé dans un cachot par ordre du gouverneur, devint l'objet de l'horreur générale. Le magistrat avait droit de faire punir le scélérat; mais peut-être espérait-il que le gouvernement français ne tarderait point à le réclamer. Cette attente lui paraissant trop tardive, il l'envoya à Fénestrelle, « afin, » disait-il, de n'avoir plus ce monstre si près de » lui. »

Il jouit maintenant de l'impunité qu'on a cru devoir lui accorder (1). La justice du ciel ven-

---

(1) On se demande; avec raison, ce crime a-t-il acquitté

gera sans doute l'humanité de la coupable indifférence de quelques hommes. Puissent les murs qui renferment Mingrat, être frappés du cri d'in-

---

Mingrat de la dette de tous les hommes envers la société? n'est-il plus responsable de ses actions envers elle?..... qui donc lui donna le privilége de l'impunité, je le demande à ceux qui le protègent. On me répond tout bas : « Sa robe et son éloignement. »

L'éloignement n'a point empêché l'extradition de tous ceux qui étaient moins coupables, et qui sont venus courber leurs têtes sous le glaives de nos lois. Les murs de Grenoble étaient couverts de l'arrêt qui condamnait Mingrat; tandis qu'un malheureux déserteur, chargé de chaînes, passait sous ces mêmes murs, pour aller habiter le bagne, et venait d'être rendu par une nation bien moins voisine que la Sardaigne.

Sa robe!.... Nos lois ne portent aucun article qui nous prouve son exception. On a prévu que, plus d'une fois, on verrait le frippon se parer de cette digne enveloppe pour marcher à l'impunité. La justice française a prouvé par un fait assez récent, qu'elle ne croit pas que ceux qui en sont revêtus puissent être à l'abri du soupçon, en faisant comparaître devant elle l'archevêque de Malines; M. de Pradt se rendit à l'appel fait par le tribunal, paré de ses cheveux blancs et de sa robe respectable; il montra l'homme courageux sous les dignités pontificales. La cour d'assise de Paris l'acquitta de son accusation, sans avoir jamais pensé que cet appel pouvait avoir avili la robe pastorale, qui sembla s'être acquis un nouveau lustre aux yeux des amis de la justice et de l'égalité.

M. Pacot, ancien curé de Saint-Sulpice, condamné injustement à mort, à Dijon, sa patrie (dont je tiens en main l'intéressant mémoire), ne prouve-t-il pas encore par ses maheurs, que les ois n'ont point excepté sa robe; ses en-

dignation qui s'est élevé de toutes parts au récit de son crime ! Que les échos de Fénestrelle l'apportent jusqu'à lui.... qu'il frémisse en éprouvant un remords... et la morale publique sera peut-être satisfaite !

Les dépositions de la servante, celles du coutelier qui avait vendu le couteau à Mingrat, celles de Michon, qui l'avait trouvé sous la Roche, les jeunes gens qui l'avaient guetté, madame Saint-Michel, et tant d'autres témoins qui furent entendus, prouvèrent plus qu'il ne fallait la culpabilité de Mingrat.

La cour royale de Grenoble s'empara de cette affaire, et le 9 décembre 1822, Antoine Mingrat, ex-curé de Saint-Quentin, convaincu d'homicide

---

nemis étaient donc bien puissans, et ses vertus furent bien fortes. Combien le public doit d'estime et d'intérêt à ce digne prélat, qui vit deux fois la mort approcher de sa tête innocente, et qui, loin d'avoir des crimes à purger, n'avait que des vertus à produire : quel parallèle avec Mingrat !

Un autre prélat (dont je m'abstiens de citer le nom) moins malheureux que les précédens, mais non moins vertueux, gémissant de l'erreur qui fait presque triompher un de ses collègues coupables, voudrait, au prix de son repos, s'associer à mes travaux, et prouver, par ses écrits et ses nobles pensées, que « si du récit d'un fait véritable il résulte du scandale, il vaut mieux laisser naître le scandale, que de renoncer à la vérité ».

prémédité, fut condamné par contumace à la peine de mort.

Ce jugement fut rendu à huis clos (1).

---

(1) Sa malheureuse mère, trop punie de ses erreurs sur l'éducation de son fils, en apprenant cet arrêt, tomba dans un désespoir qui finit par aliéner sa raison. Plaignez-la, elle était mère !....

CONCLUSION.

Arrivée au terme de ma pénible entreprise, je crois avoir courageusement rempli le devoir que je me suis imposée : démasquer un scélérat qu'un scrupule coupable empêche de punir, venger les mânes d'une épouse vertueuse, et servir la religion qui ne peut ni commander, ni même tolérer le meurtre, voilà quel fut mon but ; j'ose espérer que des motifs aussi louables ne trouveront point de détracteurs ; s'il s'en rencontrait pourtant, la société, que j'ai pris soin d'éclairer sur le crime d'un monstre d'hyprocrisie, les chargera sans doute de tout le mépris qu'ils auront mérité, en pensant que je parle au nom d'un époux inconsolable.

Mille pensées affligeantes pour l'humanité sont venues m'assaillir pendant le cours de cette triste relation ; j'ai vu le vice aux prises avec la vertu, et le vice triomphant.

Dans un siècle où chacun parle de morale, serait-il vrai qu'elle n'est dans toutes les bouches qu'en raison qu'elle n'a plus d'asile dans les cœurs ?.... Cette idée est désespérante ; mais, je l'avoue à regret, elle ne peut paraître invraisemblable, quand on voit les hommes chargés de maintenir cette morale, se montrer, dans cette occasion, si fort en contradiction avec elle.

En effet, quel affreux tableau présente à nos yeux cette horrible catastrophe! quels acteurs figurent dans ce drame sanglant! un prêtre homicide secouru, protégé, justifié, prôné par d'autres prêtres; là, une robe sacerdotale couverte du sang humain ; ici, la chaire sacrée de la vérité retentissant de paroles mensongères : ainsi les plus respectables objets du culte divin sont publiquement souillés par des mains, ou des voix impures... Non, ce n'est pas en agissant ainsi que l'on maintiendra la religion ; le peuple la veut, mais il la veut *pure* : le moindre soupçon d'immoralité qui planerait sur ses ministres suffirait pour les en éloigner. Que la justice, que le ministère, que les prêtres préviennent donc, à force de loyauté, de franchise et de vertus cette ruine effrayante.

Tel est le vœu d'une ame vraiment chrétienne, tel fut toujours celui de notre Monarque ; souhaitons donc qu'il soit accompli : et puisse, pour la conservation du culte sacré, les annales du crime n'offrir jamais qu'un *Mingrat*.

PIÈCES JUSTIFICATIVES.

N° I.

Mémoire remis par M. Bossan, *adjoint du maire de la commune de Saint-Quentin* (Isère), *à M. Étienne Charnalet*.

Le mercredi huit mai dix-huit cent vingt-deux, à six heures et demie du soir, Marie Gérin, femme d'Etienne Dory Charnalet, sortit de sa maison d'habitation, située au Git, hameau de Saint-Quentin, distant du bourg, et par conséquent de l'église, d'environ un quart de lieue, dirigea ses pas vers l'église, où elle entra à environ sept heures moins un quart. Elle y trouva une religieuse (madame Saint-Michel) qui fesait sa prière, et à qui elle demanda s'il y avait long-tems qu'elle était là, et si monsieur le curé avait paru. A quoi madame Saint-Michel répondit qu'il y avait assez de tems, puisqu'elle avait presque fini sa prière ; que monsieur le curé n'avait pas encore paru; mais que si elle désirait lui parler elle l'irait chercher à la cure. Gérin la remercia, n'accepta pas son offre, et se mit à faire le chemin de la croix dans l'église.

Madame Saint-Michel, qui continua sa prière, était placée de manière qu'elle avait en face la petite porte de l'église, qui est rapprochée au midi de celle du clocher.

Elle crut apercevoir à cette porte un fantôme habillé de noir, qui paraissait d'abord avoir des bras, ensuite ni bras ni jambes, et qui avait un chapeau à trois cornes. D'après sa déposition, cet objet ne fit que paraître est disparaître. Il paraît que ce fantôme était le curé, qui jeta un coup d'œil rapide dans l'église, pour voir si la personne qu'il attendait était arrivée, ou s'il y avait d'autres personnes qui auraient pu le gêner. Cette réflexion n'est qu'une conjecture, la suite prouvera si elle est fondée. Madame Saint-Michel sortit, et y laissa la femme Charnalet. Depuis lors elle n'a plus paru.

Son mari, qui venait de sa journée, arriva à la maison à l'entrée de la nuit, trouva sur sa table la soupe que sa femme lui avait préparée, et son *couteau*. Inquiet de ne pas y trouver sa femme, il la demanda à ses voisins, qui lui dirent qu'elle était descendue au bourg. De suite il y descendit, et, après l'avoir demandée inutilement à plusieurs personnes, il s'adressa à Joseph Charvet, son cousin, qui lui dit qu'on avait vu sa femme à l'église à une heure assez avancée, et que peut-être monsieur le curé pourrait lui en donner des nouvelles. Il était neuf heures et demie du soir. Charnalet, assisté dudit Joseph Charvet et de sa femme, frappe à la porte du curé. Au premier coup, personne ne répond. Au second coup, la servante vient ouvrir : elle est de suite suivie du curé, qui dit brusquement : Qui est là, et que me veut-on? Le mari, lui adressant la parole, lui dit : Monsieur, je cherche ma femme partout, et je ne la trouve pas. On m'a dit qu'elle était à l'église assez tard, ne l'auriez-vous pas vue? ne pourriez-vous m'en donner des nouvelles?—Je l'ai vue en effet, au moment où je suis allé faire ma prière au chœur; je l'ai laissée dans l'église, et depuis lors je ne l'ai plus revue :

elle avait l'air d'être un peu égarée; faites-la chercher. A ces mots, il se retire, et ferme sa porte.

Ceux qui étaient présens à cette entrevue, ont remarqué que le curé était devant sa porte, dans la position d'un homme qui a l'air d'interdire l'entrée du presbytère à ceux à qui il parle.

C'est ici le lieu d'observer que le lendemain, au point du jour, ou pour mieux dire à demi-heure du jour, la femme dudit Charvet, et d'autres personnes, ayant appris qu'on avait trouvé des traces de sang sous la Roche, et autres marques qui semblaient indiquer que la femme Charnalet avait voulu se détruire, et avait fini par se noyer, se décidèrent à se transporter sur les lieux, en passant derrière le clocher, et que là ils trouvèrent le curé, tenant à la main son bréviaire, à qui ladite Charvet fit cette question : Monsieur le curé, vous nous avez dit hier soir que vous aviez vu ma malheureuse cousine dans l'église; ne vous a-t-elle point parlé? ne vous a-t-elle point demandé à se confesser; car nous savons qu'elle se disposait à aller assister à la première communion de Veurey. — *Le Curé :* Elle s'est approchée de moi, m'a demandé à se confesser; mais je ne l'ai pas trouvée mise assez décemment, et, lui trouvant d'ailleurs un air égaré, je lui ai dit : Ma bonne, je n'ai pas le tems de vous entendre aujourd'hui; revenez demain. — *La Charvet :* Mais, Monsieur, peut-être que si vous l'aviez entendue, vous auriez empêché un grand malheur; car on a trouvé des traces de sang du côté de l'Isère. — *Le Curé :* Eh bien! si je l'avais entendue, et que le même malheur fût arrivé, on me l'aurait attribué! Eh bien! allons sous la Roche.... Pendant ce colloque, ceux qui étaient présens ont remarqué que la figure du curé était extraordinaire, qu'il changeait de couleur à chaque instant, et qu'il ne parlait que par monosyllables.

Malheureusement lesdits jours, huit et neuf, M. Davin, maire, et moi son adjoint, nous nous trouvâmes à Grenoble. J'en partis le neuf, à huit heures du matin, et à midi j'arrivai à Veurey, village distant de deux heures de celui de Saint-Quentin. La première personne que je rencontrai fut le sieur Pierre Gérin, oncle de la défunte; il me témoigna le regret qu'il avait que je ne me fusse pas trouvé à Saint-Quentin la veille, le huit au soir. Que sa nièce avait disparu à l'entrée de la nuit, qu'il venait de quitter son pauvre mari, qui l'avait cherchée toute la nuit, et qu'il s'était rendu à Veurey au point du jour, pensant que sa pauvre femme s'y serait rendue pour assister à la première communion, qui devait s'y faire ce jour-là, sachant que sa femme avait le projet d'y revenir, et que, ne l'ayant pas trouvée, il s'était retiré pour diriger ses recherches sur d'autres points. Je me hâtai de me retirer à Saint-Quentin malgré la pluie, et le lendemain je fis appeler les personnes qui étaient présumées avoir quelque connaissance des circonstances relatives à cet événement.

Joseph Michon me dit, qu'au point du jour, en allant travailler à son champ, le mercredi neuf, il trouva sous la Roche, dans la prairie de la veuve Cottin, près d'un noyer, à environ cinq cents mètres de l'église, sur un sentier qui tend à l'Isère, une place couverte de sang, où il se trouvait quelques petits lambeaux de chair, à côté un petit couteau fiché en terre, et une corde d'environ dix-huit pieds de longueur, de la grosseur d'une corde de lessive; et qu'il avait pris le couteau tout ensanglanté, et l'avait caché dans un petit buisson; que, quelques momens après, ayant réfléchi que ce couteau pourrait au besoin servir de pièce de conviction, il vint le reprendre, le lava, et le déposa chez lui. Sa narration finie, il me le remit.

(C'est ici le cas d'observer que, quelques instans après, d'autres personnes, en suivant la trace du sang, trouvèrent à environ quatre cents mètres de là, et toujours sur le sentier qui conduit à l'Isère, et près d'un fossé rempli d'eau, une place couverte de sang, une corde d'environ deux mètres de longueur et une petite ficelle, et enfin, à environ trois cents mètres de là, au bord de l'Isère, le mouchoir de cou de cette malheureuse femme, mis là à dessein, sans doute pour donner à entendre qu'elle s'était noyée.)

La vue de ce couteau me frappa: il me parut ne pas appartenir à une personne de la campagne, surtout illettrée. C'était un couteau de maître, en très-bon état, à manche d'ébène platiné, ayant, outre sa lame ordinaire, une lame de canif et un tire-bouchon sur le dos. A cette première époque, même quelques jours après, on pensait généralement (et je partageais à peu près cette opinion) que cette femme avait d'abord tenté de se détruire à l'aide du couteau, et qu'enfin elle avait fini par se jeter dans l'Isère. Il était donc naturel de n'avoir point de soupçons contre le curé, et cependant je pensai que le couteau lui appartenait, n'en ayant jamais vu de semblable dans la commune, et sachant que la femme Charnalet avait laissé le sien sur sa table. Je savais que le curé avait goûté chez la Charnalet; qu'il pouvait y avoir oublié son couteau, et que cette femme, dans l'égarement que je lui supposais alors, s'en était servie pour tâcher de se détruire.

Pour éclaircir mes doutes, je résolus, pour la première fois, de rendre ma visite au curé. Je me rendis chez lui après sa messe, sur les neuf heures du matin (c'était le vendredi dix.) Après les premiers complimens d'usage, il me dit : Monsieur, vous paraissez assez bien vous porter? Je lui répondit qu'oui, mais que j'étais très-fatigué ; que j'étais sur pied depuis environ onze jours ; que même aujourd'hui je serais allé à Saint-Marcellin, sans l'aventure de la malheureuse Charnalet. Il ne parut pas désirer que la conversation roulât sur ce sujet : nous parlâmes d'autre chose. J'y revins en lui disant : Monsieur le curé, on m'a dit que vous aviez vu cette femme deux fois dans la journée du mercredi ?

— Oui monsieur, et voici à quelle occasion :

« Je savais que cette femme était dans l'intention d'aller » à Veurey, le lendemain jeudi, pour assister à la pre» mière communion qui devait y avoir lieu; et comme j'a» vais une commission à faire faire au curé de cette pa» roisse, je me rendis chez elle pour la prier de s'en char» ger. Chemin fesant je rencontrai le père Bourdis, son » voisin, qui m'offrit à boire du vin blanc chez lui, ce que » j'acceptai. La bouteille étant presque finie, je pris congé » de lui, en lui disant que j'allais chez la femme Charna» let sa voisine, pour la charger d'une commission, et je » priai Bourdis fils de m'y accompagner, ce qu'il accepta. » Cette femme, après les complimens d'usage, nous pria » d'accepter un petit goûter : nous bûmes chacun un coup, « et le fils Bourdis fut obligé de nous quitter. Alors je me » mis sur la porte, et, apercevant le père Cottin, je l'enga» geai à entrer et à goûter le vin de la femme Charnalet ; » il entra, but un coup, et se retira. Me voyant seul chez » cette femme, je m'amusai un instant à tourner un mor» ceau de bois (le mari de cette femme est tourneur) je » donnai ma commission à la femme Charnalet, et je » retirai.

» Entre sept et huit heures du soir et du même jour, » étant entré au chœur pour faire ma prière, j'aperçus la » femme Charnalet qui fesait dans l'église le chemin de la » croix; elle s'interrompit pour venir à moi, et me dire » qu'elle désirait me parler.

» Voyant que cette femme avait un air égaré, n'ayant » pour toute coiffure qu'une coiffe de nuit, pour manches » que celles de sa chemise, et sans bas (elle avait des bas » bleus, au rapport de ceux qui l'ont vue entrer dans l'é- » glise), je lui dis : Mon enfant, vous n'êtes pas mise assez » décemment pour que je vous reçoive au presbytère, en- » core moins au confessional; d'ailleurs je n'ai pas le tems : » revenez demain. Elle continua son chemin de la croix, » je finis ma prière, je me retirai en la laissant dans l'é- » glise. »

Là il finit son récit, et fit tomber la conversation sur d'autres sujets.

Voulant parvenir au but de ma visite, je dis au curé :

Il n'y a rien de bien étonnant que cette femme, dont l'esprit, selon vous, paraissait aliéné, ait tâché de se détruire en employant tous les moyens qu'elle trouva sous sa main, et enfin qu'elle se soit noyée. Mais ce qui m'a singulièrement surpris, c'est que le couteau trouvé à la première place où elle est censée s'être mutilée ne paraît pas lui appartenir.

D'abord parce que son mari a trouvé le couteau dont elle se servait habituellement sur la table, ensuite ce couteau n'est pas à l'usage des gens de la campagne, entr'autres de ceux qui sont illettrés, car c'est un couteau de maître, à manche d'ébène, platiné, ayant, outre sa lame ordinaire, une lame de canif et un tire-bouchon.

Mon récit fini, il garda le plus profond silence.

Au même instant, la tante du curé, qui ignorait que je fusse au presbytère, entre chez nous pour dire bonjour à ma femme et à mes enfans. On parle de l'événement du jour, et, sur ce que mes enfans dirent que le couteau était déposé dans mon cabinet, elle demanda à le voir : à son aspect, elle fit un mouvement très-marqué de surprise, qu'il est facile d'expliquer.

Le dimanche cinq mai, qui avait précédé le jour de l'assassinat, le curé avait annoncé à son prône des services de *requiem* pour tous les jours de la semaine, et entr'autres pour le jeudi celui pour un nommé Rafin. On s'aperçut avec étonnement qu'il ne fit pas ce service.

Une vieille femme rencontra sur les dix heures du matin du jeudi, jour du lendemain de l'assassinat, la servante du curé, et lui demanda pourquoi le curé n'avait pas célébré le service annoncé : à quoi elle répondit que M. le curé, se sentant indisposé, avait pris une purgation.

Mais on se rappelle que le matin du même jour, avant quatre heures, il était derrière le clocher; que, sur l'observation de la femme Charvet, qu'on avait trouvé sous la Roche des traces de sang, il y était descendu avec elle et autres personnes, dont le nombre augmentait à chaque instant; que le tems qu'il mit à y descendre, à y rester et à remonter peut être évalué à plus de deux heures; qu'à chaque instant de la matinée on le voyait hors du presbytère ou occupé à recevoir du monde chez lui. Tout cela doit faire croire qu'il n'avait pas pris de purgation ce jour-là.

Le vendredi 10 mai, je dressai procès-verbal de tout ce que j'avais recueilli, et l'envoyai le samedi 11 à M. le procureur du Roi, à Saint-Marcellin.

Ce jour-là et jours suivans, et le jeudi 16, jour de

l'Ascension, le curé continua ses fonctions, fit les processions des Rogations, celle de l'Ascension, etc., mais les moins clairvoyans s'aperçurent que dans ses fonctions il avait l'esprit préoccupé, et intervertissait l'ordre des prières.

Le même jour 15, à sept heures du matin, on vint m'avertir qu'on avait découvert une cuisse, ensemble la jambe et le pied d'un corps humain, dans le fossé et vis-à-vis la deuxième place couverte de sang. Après m'être assuré de ce fait, j'en donnai avis à M. le juge de paix, qui, assisté de deux médecins, se transporta sur les lieux; là ils reconnurent que c'était la cuisse d'une femme, que les chairs avaient été coupées et séparées par un instrument tranchant; que l'auteur du crime avait essayé de couper ou casser l'os avec un gros instrument, et qu'enfin il était parvenu à déboîter l'os.

Alors toutes les incertitudes cessèrent; on fut convaincu que cette femme avait été assassinée; le couteau, les indices qu'on avait recueillis dans l'espace de huit jours, etc., indiquaient assez l'auteur du crime. Le lendemain, vendredi, M. le juge de paix fit un second *allez* sur les lieux pour entendre le témoignage de quelques personnes: la gendarmerie y vint aussi, un lieutenant à la tête.

Sur les neuf heures du matin, environ, deux des gendarmes se rendirent chez le curé, non pour se saisir de sa personne, ils n'en avaient pas l'ordre, mais seulement pour examiner sa contenance.

A leur aspect, M. le curé fut déconcerté, il balbutia quelques mots, et tenait entre ses dents un bout de son mouchoir de poche. Sa tante, le voyant embarrassé, dit aux gendarmes que leur visite, en ce moment, paraissait extraordinaire. Ils répondirent que leur unique objet était de présenter leurs respects à M. le curé, ainsi qu'ils avaient coutume de faire. Alors il se rassura, leur offrit à se rafraîchir, ce qu'ils acceptèrent. Leur conversation roula sur des objets étrangers à l'histoire du jour.

Dans cet intervalle, M. le vicaire de Tullin arriva en toute hâte au presbytère, en répartit presque aussitôt, et quelques minutes après le curé disparut. Nous apprendrons plus bas ce qu'il est devenu.

En anticipant sur l'ordre des événemens, nous remarquerons que neuf jeurs après sa disparition, on a trouvé aux Tauries, sur une des rives de l'Isère, à huit lieues de Saint-Quentin, le buste de cette malheureuse femme. La justice s'y transporta, accompagnée d'un médecin, qui reconnut que la cuisse droite avait été levée de la même manière que la cuisse gauche, mais que les chairs avaient été coupées plus régulièrement, c'est-à-dire plus vis-à-vis la jointure ; il remarqua que cette femme avait une blessure transversale faite avec un instrument tranchant, depuis l'estomac jusqu'au bas-ventre, et enfin reconnut au cou des marques de strangulation. On coupa à ce buste la partie de l'os qui était nécessaire pour venir le confronter avec la cuisse, pour savoir si les deux parties appartenaient au même corps, ce qui fut reconnu affirmativement d'une manière positive.

Le premier témoin est la servante du curé. Ses premières réponses sont vagues et insignifiantes ; cependant, dans sa première, sur la demande faite par le juge de paix, elle fit la description exacte du couteau de poche de son maître : j'étais présent ; on aurait dit, en faisant la description, qu'elle avait le couteau trouvé sous les yeux. Cependant, devant le juge d'instruction, sur la présentation de ce couteau, elle a declaré que ce couteau ressemblait beaucoup

(1) Ou parage de Fory.

au couteau de son maître, mais qu'elle ne pouvait affirmer positivement que ce fût le sien, attendu qu'il y avait beaucoup de couteaux qui se ressemblaient.

Cette fille paraît assez brave, et, si ses premières dépositions ne sont pas satisfaisantes, c'est qu'ayant consulté M. D.... sur la manière dont elle devait se conduire, M. D.... lui avait dit : « Vous n'êtes obligée de répondre qu'aux questions que l'on vous fera, et vous pouvez taire le reste. »

Par la suite, M. D...., mieux informé de la lettre du serment qu'on exige des témoins, finit par lui dire, vous êtes obligée de dire tout ce que vous savez.

Aussi est-elle convenue, en substance, que sur les huit heures et demie du soir du mercredi huit, elle entendit des gémissemens sourds, partant d'un petit cabinet au premier étage; que, croyant que son maître se trouvait mal, elle s'était présentée à la porte de ce cabinet; qu'elle a appelé M. le curé, qui ne lui a pas répondu; qu'elle a voulu ouvrir cette porte, mais qu'elle s'est trouvée fermée en dedans; qu'alors le curé, craignant qu'elle n'essayât de la forcer, lui cria d'une voix forte : Marie, descendez, je suis à vous. Qu'elle entendit encore des gémissemens qui ressemblaient à ceux d'une personne expirante. Elle descendit; bientôt après le curé la suivit : que, ce dernier étant descendu, elle lui dit : « Monsieur, vous m'avez bien fait peur, j'ai cru que vous alliez mourir. » A quoi il répondit avec humeur : « Taisez-vous, vous êtes une simple. »

Elle lui dit, Monsieur, votre souper est servi; alors il se mit à table, et n'y resta qu'un instant. Il se leva de table, se promena à grand pas dans le salon, puis dit à la fille, vous pouvez vous aller coucher. Depuis quelques jours la fille ne couchait pas au presbytère, mais dans la maison où la tante tenait école.) « Mais, Monsieur, pour desservir ? » Le curé répondit : «Je desservirai moi-même.» Le lendemain, au point du jour, en rentrant au presbytère, elle trouva près des lieux communs des cendres encore chaudes, et autour des vestiges de linge qui n'étaient pas entièrement brûlés.

Je ne m'étends pas davantage sur la déposition de la servante. Je dirai seulement que mardi passé, douze juin, elle a été interrogée de nouveau, depuis trois heures du matin, du mercredi ; et je sais positivement qu'elle a tout dit, et ce qu'elle a dit suffit au-delà pour établir la culpabilité du curé.

La femme Charnalet était de bonnes mœurs, et jouissait d'une bonne répution méritée. Elle n'avait d'autre défaut que celui de quitter trop souvent les soins de son ménage pour assister dans les paroisses circonvoisines aux missions, aux premières communions, et autres dévotions extraordinaires.

Ce ne fut qu'après la disparition du curé que cinq jeunes gens laissèrent transpirer dans le public qu'ils avaient connaissance d'une particularité relative à ce tragique événement.

Voici le résultat de leur déposition : Sachant que la femme Charnalet était entrée à l'église, à l'entrée de la nuit, et que personne ne l'en avait vue sortir ; sachant que son mari la cherchait en vain, ils s'imaginèrent qu'elle pourrait bien être dans le presbytère, et prirent la résolution d'épier sa sortie ; à quel effet, depuis dix heures du soir jusqu'à minuit du mercredi, ils se tinrent constamment sur la place d'où ils apercevaient la principale face du presbytère ; à minuit la lumière disparut, alors ils se portèrent contre le portail de la basse-cour, d'où ils pouvaient aisément voir l'autre face du presbytère, en escaladant le mur de la basse-cour. Deux d'entr'eux seulement grimpèrent contre le mur de la basse-cour, de manière cependant qu'ils ne dépassaient sa hauteur que de la tête. Ils virent de la lumière dans le salon, laquelle s'éteignit à l'instant; alors ils virent le curé sortir de la cure par la porte-fenêtre qui donne dans la basse-cour, lequel, après avoir fait de l'eau tout près d'eux, traversa la basse-cour, et sortit par la porte au couchant, pour arriver dans la prairie du demi-arpent, où il se trouve un sentier qui conduit sous la Roche, lieu où l'on dit que le cadavre avait été dépecé. Alors deux d'entr'eux, qui n'avaient point l'idée d'un assassinat, croyant que le curé se disposait à faire le tour de l'église ou du presbytère, pour voir si quelqu'un l'épiait, firent un grand tour pour le rencontrer, mais il avait disparu. Alors ils ne songèrent plus qu'à rester en vedette pour épier sa rentrée, mais deux heures sonnèrent, et, comme il pleuvait, ils prirent le parti de se retirer.

En fouillant dans le presbytère, la justice n'a point trouvé d'indices ou traces du crime; seulement, après s'être assurée qu'il n'y avait point, et qu'il n'y avait jamais eu (depuis le peu de tems que le curé y habitait), ni hache ni serpe, le juge d'instruction se fit représenter le couteau à hacher la viande, qui parut neuf, mais qui avait au milieu une brêche qui paraissait être récemment faite, ce qui donna l'idée que ce pouvait bien être avec cet instrument, faute d'autre plus commode, qu'on avait essayé soit de casser ou de couper l'os de la cuisse. On remarqua en même-tems que des vieux vêtemens du curé, qu'il portait quelquefois dans son négligé, avaient disparu.

Le curé, en partant, dirigea sa route par Saint-Aupe, et de là aux Echelles. Il arriva, à la faveur de son costume, à Chambéry; mais, ayant voulu revenir aux Echelles pour y voir sa mère, qu'il savait devoir lui apporter de l'argent, et comme nous avions eu le soin de faire parvenir son signalement au chef des carabiniers royaux, il fut pris par ces derniers aux Echelles, partie de la Savoie, et de là conduit à Chambéry, où il est étroitement gardé.

Pour mémoire dressé par moi l'Adjoint de la commune de Saint-Quentin, soussigné,

N. BOSSAN.

N° II.

Déposition de la servante *du curé Mingrat.*

A l'entrée de la nuit, le nommé Rafin, clerc de l'église, vint pour demander s'il fallait sonner le service de mort que le curé avait annoncé le dimanche pour le vendredi; il s'adressa à moi. J'appelai le curé, que je supposais être dans sa chambre; mais il ne me répondit pas; je pris le parti d'y monter. J'entendis des gémissemens sourds, semblables à ceux d'une personne expirante ou qui se trouve mal; le curé ne répondit pas à ma voix. J'essayai de lever le loquet, mais je trouvai la porte fermée en dedans, et, craignant que je n'essayasse de forcer la porte, il me cria d'une voix forte: « Marie, descendez, je suis à vous. » Je compris alors que le curé n'était pas dans sa chambre à coucher, mais dans un petit cabinet à côté. Je descendis; à l'instant le curé parut au haut de l'escalier, et dit: « Qui me demande? » — « Monsieur, répondis-je, c'est

Rafin qui veut savoir s'il faut, à l'*angelus*, sonner les glas pour annoncer le service de demain ; il répondit : « Non », et rentra à l'instant dans sa chambre, fermant sur lui la porte à clé (1). Moi, qui avais quelques soupçons, je montai doucement près de la porte, d'où j'entendis les mêmes gémissemens, mais plus sourds (2).

J'entendis aussi le roulement d'un lit qu'on agitait violemment dans le petit cabinet. Les gémissemens cessèrent enfin, et, n'entendant plus rien, je descendis. Quelque tems après, le curé descendit aussi dans le plus effrayant désordre.

Au lieu d'aller chez M. Heurand porter le journal, je passai derrière le clocher, je traversai la basse-cour, et je vins me blottir contre le portail, afin d'être plus à portée d'entendre ce qui se passait. Je vis avec étonnement qu'il y avait de la lumière dans le petit cabinet. Il faut observer que le cabinet n'avait ni table, ni autres meubles, excepté le lit, qu'alors le curé ne pouvait ni lire, ni écrire. Je n'entendais rien ; j'imaginai de grimper sur le portail, afin d'essayer si je pourrais voir ce qui se passait en dedans ; mais, en essayant d'y monter, je fis un bruit assez fort qui fut entendu du curé ; en effet, je l'entendis descendre précipitamment l'escalier, et ouvrir de même les portes de la cuisine qui communique au hangar, se dirigeant ensuite du côté où il avait entendu le bruit, en criant à plusieurs reprises : Qui est là ? Ayant peur, je ne répondis rien ; mais le sentant approcher, je lui dis en tremblant : « Monsieur,

(1) C'est le moment où il avait laissé l'infortuné victime près d'expirer.

(2) Ce peu d'instans de repos ranima un reste de force de la patiente, qu'il se hâta de faire évanouir sous ses féroces étreintes.

c'est moi. » Le curé, fâché, me dit : « Que faisiez-vous là, au lieu de faire ma commission ? — Monsieur, j'étais venue fermer le poulailler. — Vous mentez; vous étiez là pour autre chose. » M'éloignant de lui doucement, je rentrai dans la cuisine servir le souper ; j'avertis mon maître, qui se mit à table, et ne toucha probablement à rien; car il n'y resta qu'environ une minute, il me commanda derechef de porter le journal..........................
....
....
....

En entrant dans la cuisine, je m'étais aperçue que l'on avait dérangé le feu que j avais recouvert; et même je vis qu'on avait fait grand feu il n'y avait pas long-tems. J'entrai dans la basse-cour; près des communs j'aperçus des gouttes de sang sur un peu de paille fraîchement écartée, et un petit lambeau de chair sur une feuille de noyer sèche. En regardant par le trou des communs, je vis que les immondices étaient recouvertes de terre fraîche, et l'écartant un peu, j'aperçus des cendres et quelques morceaux de linges brûlés à demi, entr'autres un morceau de drap noir aussi à demi brûlé; je compris alors que le sang que j'avais vu sur la paille, provenait de ce qu'on y avait entreposé des habits ensanglantés.

N° III.

Déposition du coutelier *qui a vendu l'arme dont le curé s'est servi pour consommer le crime.*

« Le couteau portait l'empreinte d'une hermine : c'est le

» coin de M. Clare, coutelier à Grenoble. Sa première » réponse devant le juge d'instruction parut insignifiante; » mais M. Gérard, juge de paix de Tullin, chargé de » faire la procédure, le fit assigner.

» Il dit que le couteau portait effectivement son coin; » mais qu'il avait quelques défauts qui lui fesaient présumer » qu'il ne sortait pas de sa fabrique; mais il observa qu'il » avait dans la campagne quelques ouvriers qui lui ébau- » chaient des lames. Il en cita trois, demeurant à Voiron; » l'autre au Grand-Lin (c'est le lieu de naissance du » curé). Ce dernier, assigné et interrogé, dit : C'est moi » qui ai fait ce couteau. Il fit remarquer à M. le juge qu'à » l'empreinte de l'hermine il manquait la patte gauche, et » de suite, sortant son poinçon, il fit remarquer que le » saillant de la patte gauche était cassé; il sortit ensuite » un rasoir sur lequel il fit de même remarquer que l'em- » preinte du coin était également tronquée. Sur la demande » qu'on lui fit, s'il se rappelait à qui il avait vendu ce cou- » teau, il répondit : à M. Mingrat, qui était alors curé de » Saint-Aupe. »

N° IV.

Jugement rendu contre le curé Mingrat, par la Cour d'Assises de Grenoble (Isère).

« LOUIS, par la grâce de Dieu, roi de France et de » Navarre, à tous présens et à venir, salut :

» La Cour d'Assises du département de l'Isère, séant à » Grenoble, a rendu l'arrêt dont la teneur suit :

Du 9 décembre 1822.

» La Cour d'Assises du département de l'Isère, séant à

» Grenoble ; présens MM. de Noailles, président, Trusché-» Bazile, Bardet, conseillers, et de Gilbert, conseiller-» auditeur, tous délégués par ordonnance de M. le premier » président de la Cour Royale de Grenoble, pour former la » Cour d'Assises, sauf M. Noailles, qui a été nommé par » ordonnance de son excellence monseigneur le garde-des-» sceaux: présent aussi M. Caffarel, avocat-général;

» En la cause, sur l'accusation du crime d'assassinat » précédé ou accompagné de viol, portée contre Antoine » Mingrat, ancien recteur de Saint-Quentin, contumax;

» Vu par la cour d'assises l'arrêt rendu par la cour » royale de Grenoble, le 5 août 1822, portant accusation » contre Antoine Mingrat, et renvoi de ce dernier devant » la Cour d'Assises du département de l'Isère, ledit ar-» rêt renfermant ordonnance de prise de corps contre cet » accusé ;

» Vu l'acte d'accusation rédigé en exécution du sus-» dit arrêt de renvoi, lequel est amené par le résumé » suivant ;

» En conséquence, Antoine Mingrat est accusé:

» 1° D'avoir, dans la nuit du 8 au 9 mai 1822, volon-» tairement et avec préméditation, homicidé Marie Gérin, » femme d'Étienne Charnalet, cultivateur au Git, hameau » de la commune de Saint-Quentin ; ce qui constitue le » crime d'assassinat prévu par les articles 295, 296 et 302 » du Code pénal ;

» 2 D'avoir, dans la même nuit, audit lieu de Saint-» Quentin, et dans les instans qui auraient précédé ou ac-» compagné l'assassinat commis sur la personne de Marie » Gérin, femme Charnalet, et ce, à l'époque où ledit » Mingrat était ministre du culte, le crime de viol prévu » par les articles 331 et 333 du Code pénal ;

» Et dans le cas où ledit Antoine Mingrat n'aurait pas

» agi avec préméditation, il est accusé d'avoir, dans la » nuit du 8 au 9 mai 1822, à Saint-Quentin, volontaire- » ment homicidé ladite Marie Gérin, femme Charnalet, » lequel crime aurait été précédé ou accompagné de viol » commis sur la personne de ladite femme Charnalet, ce » qui constitue les crimes prévus par les articles 295, 331, » 333 et 334 du Code pénal, emportant peine afflictive ou » infamante ;

» Ouï M. l'avocat-général en sa réquisition mentionnée » au procès-verbal séparé du présent, et ce relativement à » l'application de la peine ;

» L'affaire mise en délibération, le président ayant posé » toutes les questions résultantes de l'acte d'accusation, et » recueilli les voix dans l'ordre prescrit par la loi ;

» La Cour déclare Antoine Mingrat coupable d'avoir, » dans la nuit du 8 au 9 mai 1822, en la commune de » Saint-Quentin, volontairement et avec préméditation » homicidé Marie Gérin, femme d'Etienne Charnalet ; » mais le déclare non coupable d'avoir, dans les instans qui » ont précédé ou accompagné cet homicide, commis le » crime de viol sur la personne de ladite Marie Gérin, » femme Charnalet ;

» Et attendu que les faits déclarés constans, constituent » un crime prévu par les art. 295, 296 et 302 du Code » pénal, dont lecture a été faite par M. le président, et qui » sont ainsi conçus :

» Art. 295. L'homicide commis volontairement est qua- » lifié meurtre ;

» Art. 296. Tout meurtre, commis avec préméditation » ou de guet-apens, est qualifié assassinat ;

» Art. 302. Tout coupable d'assassinat, de parricide, » d'infanticide et d'empoisonnement, sera puni de mort,

» sans préjudice de la disposition particulière contenue en
» l'art. 19, relativement au parricide;

» Vu les art. 12, 26, et 36 dudit Code pénal, dont M. le
» président a également fait lecture;

» Art. 12. Tout condamné à mort aura la tête tranchée;

» Art. 26. L'exécution se fera sur l'une des places pu-
» bliques du lieu qui sera indiqué par l'arrêt de condam-
» nation;

» Art. 36. Tous arrêts qui porteront la peine de mort se-
» ront imprimés par extrait;

» Ils seront affichés dans la ville centrale du départe-
» ment, dans celle où l'arrêt aura été rendu, dans la
» commune du lieu où le délit aura été commis, dans celle
» où se fera l'exécution, et dans celle du domicile du
» condamné;

» Vu enfin les art. 368 et 472 du Code d'instruction cri-
» minelle, dont M. le président a égalemenent fait lecture,
» et qui s'expriment ainsi :

» Art. 368. L'accusé, ou la partie civile qui succombera,
» sera condamné aux frais envers l'Etat et envers l'autre
» partie.

» Art. 472. Extrait du jugement de condamnation sera,
» dans les trois jours de la prononciation, à la diligence de
» M. le procureur-général ou de son substitut, affiché,
» par l'exécuteur des jugemens criminels, à un poteau qui
» sera planté au milieu de l'une des places publiques de
» la ville, chef-lieu de l'arrondissement où le crime aura
» été commis.

» Pareil extrait sera, dans le même délai, signifié au
» directeur des domaines et droits d'enregistrement du do-
» micile du contumax.

» La Cour condamne Antoine Mingrat à la peine de

» mort et aux frais de la procédure, liquidés à la somme
» de 425 fr. 25 c.

» Ordonne que l'exécution se fera sur la place publique,
» dite Grenette, de la ville de Grenoble.

» Et, attendu la contumace dudit Mingrat, ordonne
» qu'extrait du présent arrêt sera dans les trois jours affi-
» ché par l'exécuteur des jugemens criminels, à un poteau
» qui sera planté au milieu de la principale place publique
» de la ville de Saint-Marcellin, chef-lieu de l'arrondisse-
» ment où le crime a été commis.

» Ordonne en outre, que le présent arrêt sera imprimé
» par extrait, affiché et exécuté à la diligence du procureur-
» général.

» Ainsi fait, jugé et prononcé à Grenoble, en l'audience
» publique de la Cour d'Assises du département de l'Isère,
» ledit jour 9 décembre 1822, et ont, MM. le président et
» conseillers, signé, ainsi que le greffier. Ainsi signé à la
» minute, Noailles, président, Trusché-Bazile, Bardet,
» Guilbert, auditeur, Long, greffier.

» Mandons et ordonnons à tous huissiers, sur ce requis,
» de mettre le présent arrêt à exécution ; à nos procureurs-
» généraux, et à nos procureurs près les tribunaux de pre-
» mière instance d'y tenir la main ; à tous commandans
» et officiers de la force publique de prêter main-forte
» pour son maintien lorsqu'ils en seront légalement requis ;
» en foi de quoi le présent a été signé et scellé du sceau de
» la Cour. »

FIN.

IMPRIMERIE DE DONDEY-DUPRÉ,
rue St.-Louis, n° 46, au Marais.

www.ingramcontent.com/pod-product-compliance
Ingram Content Group UK Ltd.
Pitfield, Milton Keynes, MK11 3LW, UK
UKHW021540260726
13993UKWH00002B/570